生徒指導と教育相談

生徒理解、キャリア教育、そして学校危機予防まで

渡辺弥生・西山久子 編著
Watanabe, Yayoi　　Nishiyama, Hisako

Student Guidance and
Educational Counseling
Developmental Psychology,
Career Guidance, and
School Crisis Prevention

北樹出版

はじめに

　この本は、単に生徒指導・教育相談の教職のテキストとしてまとめた本では
ありません。学校で教育のプロフェッショナルとして子どもたちに関わるため
に、これだけは身につけておいてもらいたい！という知識や考え方を精力的に
まとめています。

　そのため、自信をもって「必携」と冠しています。

　たとえば、「いつから、自分達でルールが作れるのでしょう？」「どうして悲
しいのに友だちに大丈夫と言うのでしょう？」。こんな問いに皆さんはどう答
えられるでしょうか。

　子どもの心の発達を理解していると、こうした場面での子どもたちとのかか
わりが断然違ってきます。一生懸命に教えても、子どもたちの気持ちに寄り
添っていないと空振りに終わります。むしろ、ダメージを与えてしまうかもし
れません。児童生徒の理解はそれほどに大切なのです。

　自分の将来を考える時、「子どもたちは、将来どんな仕事につきたいのでしょ
う？」「どんな夢があるのでしょう？」。子どもたちは将来のことを考える時、
決してわくわくするだけではありません。目指す姿になれるのかな、なれない
かも……といった不安が高まります。

　個々の子どもたちが、希望をもって頑張れるよう、自分なりの人生の道しる
べをみつけられるようになるために、進路相談やキャリア教育が重視される
ようになっています。

　学校全体を見渡して、「いじめ予防のために、トイレや運動場にどんな工夫
が必要ですか？」「黒板の上に掲示してある訓誡は子どもたちの視野に入って
いますか？」といった危機予防について、どれくらいアイデアがあるでしょう。

　子どもたちが抱える問題は、必ずしも子どもたちの家庭の問題や、子どもた

ち自身のことが原因ではありません。受け皿になる環境や学校という「心の空間」の魅力や予防策が欠けているかもしれません。

　学校の魅力は、一人ひとりの子どもたちだけでなく、関わる教員やスタッフみんながそれぞれ、そこにいると自分が成長できるという実感、見守られているという安心感を得ることが大切だと思います。なんだか惹かれる空間というのは、ただの物理的な場所ではなく、自分を耕してくれる、安心できる、失敗が許される、伸びる足場を与えてくれる、そんな可能性を信じることのできる雰囲気をもつ場所なのです。

　こうした「学校」にするために、教員はとてつもなく大きな力を発揮することができます。そうした力量を伸ばす教材の一つに、この本が役立ってほしいと祈っています。この本の前身となる本の出版時から、長年にわたって温かくサポートしてくださった北樹出版の福田千晶さんに心より感謝いたします。そして、この分野の最先端で、学校に尽力されている気鋭の執筆者の方々のご協力に深謝いたします。
　多くの方々にこの本の趣旨を理解し活用していただけることをつよく願っております。
　　　　2018 年 2 月

渡辺弥生　　西山久子

目　　次

はじめに ……………………………………………………………………… iii

第 1 章　生徒指導と教育相談、そして進路指導とは ……………………… 2

第 1 節　生徒指導と教育相談とは ………………………………………… 2

1. 生徒指導の意義　3　2. 教育相談の意義　4　3. 児童生徒の理解　7

第 2 節　求められるカウンセリングマインド ………………………… 8

1. カウンセリングマインドとは　9　2. カウンセリングマインドによる教育の三大原則　10　3. 教員に求められる信頼関係　12

第 3 節　進路相談とは …………………………………………………… 13

1. 進路指導の定義と課題　14　2. 進路相談とは　14　3. 教育相談と進路相談の関係　15

第 4 節　骨格となるキャリア教育 ……………………………………… 16

1. キャリア教育とは　17　2. 学校教育におけるキャリア教育の位置づけ　19　3. 断片をつなぐキャリア教育　19　4. キャリア教育の中核となるキャリア・カウンセリング　20

第 5 節　学校心理学からの進め方 ……………………………………… 22

1. 学校心理学とは　22　2. 子どもの何を援助するか　23　3. 子どもをどのように援助するか　24　4. 誰が援助者か　25　5. 学校心理学の課題　26

第 6 節　うまくいくチーム連携 ………………………………………… 28

1. ビジョンとしてのチーム学校　29　2. チームへの期待と不安　29　3. チームを促進するツールとスキル　30　4. コーディネーターの重要性　32

＊校長のつぶやき：教師の役割　（34）

＊学校現場からのつぶやき：学習指導要領に示された「ガイダンス」と「カウンセリング」（35）

v

第2章　生徒指導・教育相談に必要な発達心理 ……………………… 36

第1節　自意識の発達 ……………………………………………… 36

1. 自己概念とは何か　36　2. 自己概念の成立（幼児期）　38　3.
自己概念の分化（児童期）　38　4. 自己概念の統合へ（青年期前期〜青
年期中期）　39

第2節　考える力の発達 …………………………………………… 41

1. 考える力とは　41　2. 幼児期（2歳〜7歳）の考える力　42　3.
児童期（7歳〜11歳）の考える力　43　4. 青年期（11歳以上）の考
える力　44

第3節　身体運動の発達 …………………………………………… 45

1. 身体の成長　46　2. 発達初期の身体運動　46　3. 基本的動作
の獲得と運動能力　47　4. 児童期・青年期の運動発達　49

第4節　対人関係の発達 …………………………………………… 50

1. 親子関係：愛着の形成　50　2. 仲間関係の始まり　51　3. 児
童期の仲間関係　52　4. 青年期の友人関係　53　5. 異性との関
係　54

第5節　感情の発達 ………………………………………………… 55

1. 感情知性の重要性　55　2. 乳幼児期から児童期への発達　56
3. 感情の認識と調節　58　4. 感情リテラシーを発達させるため
に　58

第6節　道徳性の発達 ……………………………………………… 60

1. 道徳教育の変化　60　2. 道徳性の発達　61　3. 道徳教育　64

＊学校現場からのつぶやき：「ナナメの人間関係」で子どもの価値観を広
げよう！！　（66）

＊スクールカウンセラーからのつぶやき：子どもの心を伝える代弁者と
して　（67）

第3章　教育相談で知っておくべき子どもの問題と対応 ……………… 68

第1節　不　登　校 ………………………………………………… 68

1. 不登校問題の理解　68　2. 不登校の経過と対応　69

第2節　い　じ　め ………………………………………………… 73

1. いじめ問題の理解　73　2. いじめに対する予防教育　76

3. いじめに対する事後指導　77

第3節　非　　　行 ……………………………………………… 79

1. 非行の現状　79　2. 非行少年や不良行為少年にみられる特

徴　81　3. 非行を未然に防ぐために　83

第4節　無　気　力 ……………………………………………… 84

1. 無気力の背景にあるもの　84　2. 無力感を克服するため

に　86　3.「やる気」を育むかかわり　88

第5節　自　　　殺 ……………………………………………… 89

1. 子どもの自殺の実態　89　2. 学校における自殺予防対策　90

3. 子どもの自殺を防ぐために　91　4. 事後対応：自殺の影響を最

小限に　93

第6節　発　達　障　害 …………………………………………… 94

1. 発達障害と学校教育　94　2. 発達障害とは　95　3. 発達障害

のある子どもに適切に関わるための留意点　98

＊校長のつぶやき：児童主体のいじめ防止活動　（101）

＊スクールカウンセラーのつぶやき：チーム学校としてのスクールカウ
ンセラーとは？　（102）

第4章　知っておきたいアセスメントと関わる技法 ……………… 103

第1節　アセスメント ……………………………………………… 103

1. アセスメントの定義　103　2. アセスメントが必要な時　103

第2節　教師が使える、教師が知っておきたいアセスメントの方法

……………………………………………… 107

1. 調査法　107　2. 観察法　108　3. 面接法　109　4. アセスメ

ントがうまくいかない時　110

第3節　ピア・サポート …………………………………………… 111

1. ピア・サポートとは　111　2. 学校教育へのピア・サポートの

導入　112　3. 日本における実践　113

第4節　ストレスマネジメント …………………………………… 115

1. ストレス発生プロセスとストレスマネジメント・プログラ

目　　次　vii

ム　115　2. 学校におけるストレスマネジメント教育　117

第 5 節　ソーシャル・スキル・トレーニング ……………………………… 119
　　　1. ソーシャルスキルとは　119　2. ソーシャル・スキル・トレー
　　　ニングとは　121　3. SST を行う際のコツ　122　4. SST はクラ
　　　スづくりにも役立つ　123

第 6 節　マインドフルネス ……………………………………………………… 124
　　　1. マインドフルネスとは　124　2. マインドフルネス・トレーニ
　　　ング　125　3. 児童生徒を対象としたマインドフルネス・トレー
　　　ニングの実践例　126　4. 教室でできるマインドフルネス・トレー
　　　ニングの提案　128　5. 学校生活を豊かにするマインドフルネ
　　　ス　128

＊スクールカウンセラーのつぶやき：教育相談におけるスクールカウン
　セラーのかかわり　（130）

第 5 章　学校危機予防の考え方と予防のあり方 ……………………………… 131

第 1 節　学校危機予防とは　 ………………………………………………… 131
　　　1. さまざまな学校危機　131　2. 学校危機に必要な視点　132　3.
　　　学校危機予防　134

第 2 節　学校の組織づくり：学校危機を想定した備えのある体制へ ·· 136
　　　1. 体系的な学校危機予防の視点を含めた組織対応の内容　136
　　　2. 学校危機に際した組織の構成　139

第 3 節　学校危機に関する研修 ……………………………………………… 141
　　　1. 学校危機における研修　141　2. シミュレーションによる研修
　　　の実際　142

第 4 節　心のケアの進め方 …………………………………………………… 145
　　　1. 心のケアのポイント　145　2. 災害、事件事故を経験した時の
　　　ストレス反応　146　3. 事件事故、災害での対応　149

＊スクールソーシャルワーカーのつぶやき：スクールソーシャルワー
　カーの支援事例　（151）
＊スーパーバイザーのつぶやき：多職種の連携支援　（152）

viii　目　次

第6章　求められる生徒指導と教育相談 ……………………………… 153

　第1節　人 権 教 育 ………………………………………………… 153

　　1. 人権とは？　154　2. 人権教育とは　154　3. 学校における人
　　権教育　155

　第2節　インクルーシブ教育 …………………………………… 158

　　1. インクルーシブ教育とは？　158　2. インクルーシブ教育の目
　　的は　160　3. インクルーシブ教育システム構築で教員が取り組む
　　こと　161

　第3節　カリキュラム・マネジメント ………………………… 162

　　1. カリキュラム・マネジメントの全体構造　163　2. PDCA サイ
　　クルの実施　165　3. カリキュラム・マネジメントの留意点　166

　第4節　他教科との連携 ………………………………………… 167

　　1. 教科横断的なカリキュラム作成の進め方　168　2. 他者との連
　　携　169　3. 他教科連携と教育相談・生徒指導とのかかわり　170

　索　　　引 ……………………………………………………… 174

必携 生徒指導と教育相談

生徒理解、キャリア教育そして学校危機予防まで

CHAPTER 1

生徒指導と教育相談、そして進路指導とは

第1節　生徒指導と教育相談とは

　これからの時代を担う子どもたちは、将来の予測が難しい社会で生き抜いていくために、人生や社会に活かそうとする「学びに向かう力・人間性」の涵養、生きて働く「知識・技能」の習得、未知の状況にも対応できる「思考力・判断力・表現力等」の育成といった資質や能力が必要です。すなわち社会で自立的に生きるために必要な「生きる力」を育むための資質・能力の育成がますます重要とされています（文部科学省, 2017）。これをふまえて学校では、「社会に開かれた教育課程」の実現が課されるようになりました。「何を学ぶか」という指導内容に加えて、「どのように学ぶか」「何ができるようになるか」という視点から、新しい時代に求められる資質・能力のあり方、主体的・対話的で深い学びへと改善することが期待されるようになりました。そのため、生徒指導と教育相談は、学習過程や学校教育環境において、学校教育の目標を達成する上で重要な機能を果たすことになります。

　子どもたちは情報社会のさまざまな変化の波にさらされ、学校でさまざまな課題や問題を抱えています。一斉授業の形態になじめない子どもや人間関係でトラブルを起こしやすい子どもの増加に加えて、いじめ、不登校、引きこもり等、課題や問題は多様化しています。このような状況において、生徒指導、進路指導と教育相談は、学校において教育の大きな使命をもつことになります。

　教育使命は大きく二つあります。一つ目は、社会性を身につけ健全な社会人としての人格をもつ人間育成、二つ目は、学力を身につけさせ児童生徒一人ひとりのキャリア発達を促し希望する進路を実現させることです。つまり、学校の教育目標を達成するためには、生徒指導と教育相談は人格の形成を図る上

で重要な役割を担うことになります。

　文部科学省 (2008) の定義では一人ひとりの児童生徒に対して、**生徒指導**は、「人格の価値を尊重し、個性の伸長を図りながら、社会的資質や行動力を高めるように指導援助する」とし、教育相談は、「教育上の問題について、本人又はその親などに、その望ましい在り方を助言する」と記されています。したがって単に、問題行動のある児童生徒を対象に行うのが生徒指導で、問題や課題を抱えた児童生徒を対象に面接するのが教育相談というわけではありません。ようするに、一人ひとりの児童生徒の人格を尊重し、個性の伸長を図りながら社会的資質や行動力を高めていくことが求められているといえます。そのためには、学校教育活動において、すべての子どもの発達を支援し、発達過程で生ずる悩みや課題を援助していくという組織的・体系的な取り組みのなか、さまざまな専門的な立場の人たちがチームとなって関係機関と連携した体制づくりをしていくことが求められています。

■ 1. 生徒指導の意義

(1) 生徒指導とは

　生徒指導では、目の前の問題行動だけに対応するのではなく、すべての児童生徒の健全な成長を促し、現在や将来における自己実現を図っていくための自己指導能力の育成が目指されています。それぞれ違った能力・適性、興味・関心等をもち、生育環境、将来への進路希望等が児童生徒は一人ひとり異なります。そのため、学級担任・ホームルーム担任は、「頑張っているね」といった日頃からのあたたかい言葉かけやふれあいに基づいて、表情や言動、集団との関係等の観察や個人面接、同僚教員との情報交換や連携、保護者との対話を行い、さまざまな観点による広い視野から児童生徒の理解に努める必要があります。単に個人の理解にとどまらず、個人が所属する集団の構造や特性も理解するようにします。児童生徒の発達状況の把握を学年段階や学校の特性に考慮しつつ、所属する集団を理解することが、児童生徒の個別指導や援助につながります。

(2) 望ましい人間関係づくり

望ましい人間関係づくりは、生徒指導を充実させる基盤となる重要な目標になります。児童生徒が、自他の個性を尊重し、お互いの立場になって考えるよう導きます。そうすれば、相手のよさを見つけて認め受け入れようと努める集団になります。そして、互いに協力しあい、よりよい人間関係を主体的に形成していこうとするなか、自分自身の存在価値を認識できるようになります。これにより、共感的な人間関係がはぐくまれていきます。

(3) 組織的対応と関係機関等との連携

特定の担当者の任務として任せきりにせず、学校教育活動におけるすべての機会を生かして教員が一丸となって生徒指導にあたることが望まれます。また、「児童の権利に関する条約」等の趣旨を教員は正しく理解し、児童生徒の人権に十分配慮した組織的体制の確立が必要です。さらに、すべての児童生徒を対象に問題行動や不登校等の兆候をとらえた場合や問題行動等が発生した場合は、適切かつ迅速に対応するとともに、保護者や適切な専門家、関係機関との連携を図り、組織的に対応することも重要です。

■ 2. 教育相談の意義

(1) 教育相談とは

教育相談は、生徒指導の一環として位置づけられています。中学校学習指導要領解説（特別活動編）によれば、「教育相談は、一人一人の生徒の教育上の問題について、本人又はその親などに、その望ましい在り方を助言することである。その方法としては、1対1の相談活動に限定することなく、全ての教職員が生徒に接するあらゆる機会をとらえ、あらゆる教育活動の実践の中に生かし、教育相談的な配慮をすることが大切である。」と記されています。すなわち、教育相談は、児童生徒それぞれの発達に即して、児童生徒自身が生活に対する適応力を身につけ、自己理解を深め、望ましい人間関係を形成し、成長していくための支援といえます。そのため、特定の教員だけが行う性質のものではなければ、相談室だけで行われるものでもありません。教育相談の目的を実現するためには、休み時間や放課後、部活動といった学校教育活動のあらゆる場面、

第1章　生徒指導と教育相談、そして進路指導とは

また昇降口、廊下や体育館などすべての場所において、よく観察し、児童生徒の心身の変化に気づくよう努めることが必要です。そして、理論と実践の往還から学ぶ姿勢を教員は大切にすることが求められます。

(2) 機能的な教育相談体制

これまでの教育相談は個別対応に重点が置かれる傾向にありました。すなわち、不登校やいじめ、自殺、暴力行為等の問題行動、子どもの貧困、児童虐待等が発生してから対処的な対応をする傾向が強くありました。しかし今後はこうした問題の未然防止、早期発見、早期支援・対応が求められています。さらには、発生した時点からの改善・回復、再発防止まで一貫した支援に重点をおいた学校危機予防の視点からの体制づくり（第5章参照）や予防的・開発的教育の実践も重要となります。その際、地域の活動が不登校、いじめ等の未然防止、早期発見および支援・対応に資する場合があることからも、たとえば、コミュニティ・スクールや地域学校協働本部を活用するといった、地域と連携した体制をもつことも今後の重要課題です。そのため、学校は教育相談の実施では、児童生徒や保護者に対して、計画的、組織的に情報提供や説明を行い、実践することが必要となります。

(3) チームとしての取り組みと関係機関との連携

まずは、担任を中心に児童生徒の心理的特質と問題行動等に関する基本的知識をもつ必要があります。同時に、基本的信頼感の欠如、心のエネルギーの枯渇等、児童生徒のつまずきに対する心理的背景を理解することが期待されます。それに基づき、関係者が情報を共有し、チームとして取り組むために、既存の校内組織を活用するなどして、早期から組織として気になる事例を洗い出し検討するための会議（スクリーニング会議）を定期的に実施します。解決すべき問題または課題のある事案は、必ず支援・対応策を検討するためのケース会議を実施することが肝要です。なお、これらの会議には、校内の生徒指導・教育相談担当教員、養護教諭、特別支援教育コーディネーター、**スクールカウンセラー**、**スクールソーシャルワーカー**等関係教職員だけでなく、場合によっては校外の関係機関職員の参加も有効です。表1-1には、スクールカウンセラーとスクールソーシャルワーカーの職務の違いがまとめられていますが、互い

第1節　生徒指導と教育相談とは　　5

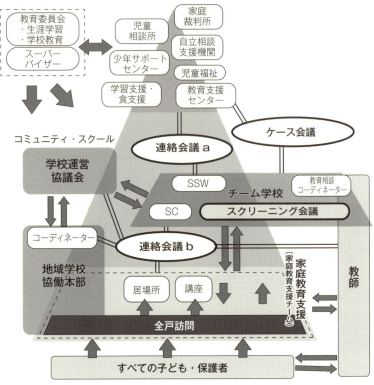

・連絡会議 a は自治体、b は学校で設置し、定例で行う。
・背景の△は一番下にあるすべての子どもから上に行けば行くほどリスクの高い層の子どもとなる。
・ケース会議、スクリーニング会議は随時行う。

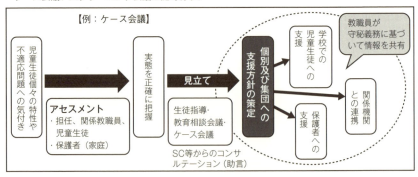

図 1-1　学校家庭地域をつなぐ教育相談体制およびケース会議の例

第 1 章　生徒指導と教育相談、そして進路指導とは

表 1-1　スクールカウンセラーとスクールソーシャルワーカーの職務内容

スクールカウンセラー	スクールソーシャルワーカー
①個々の児童生徒へのカウンセリング	①家庭環境や地域ボランティア団体への働きかけ
②児童生徒への対応に関する保護者・教職員への助言	②個別ケースにおける福祉などの関係機関との連携・調整
③事件・事故等の緊急対応における児童生徒の心のケア	③要保護児童生徒対策地域協議会や市町村の福祉相談体制との協議
④教職員などに対する児童生徒へのカウンセリングマインドに関する研修活動	④教職員等への福祉制度のしくみや活用等に関する研修活動
⑤教員と協力のもと、子どもの心理的問題への予防的対応	

の専門性を認めあった協力が必要です。こうした体制により、関係者それぞれの立場からの視点を共有し、不登校、いじめ等の未然防止、早期発見および支援・対応も含めた児童生徒への支援策の検討・実施・検証をチームとして一体的に行うことが重要となります（表1-1）（図1-1）。今後は、適応上の問題や課題を抱えた児童生徒のアセスメントとカウンセリング、保護者や教師に対するコンサルテーションを行う心理臨床の専門家のSC、困難を抱えた児童生徒が置かれている環境面への働きかけを重視し、学校内外をつなぐ役割として学校外の関係機関との連携・調整をするSSWなど多様な専門スタッフと連携・分担し、集団の知を活用し、チームとして援助を担う体制の整備が求められます（表1-1）。

■ 3. 児童生徒の理解

　生徒指導・教育相談における教育実践では、児童生徒の理解は不可欠です。児童生徒のもつそれぞれの特徴や傾向を把握するアセスメントが重要です。児童生徒との信頼関係が成立してこそ、実践の成果にむすびつくことが可能になります。児童生徒の生育歴や家庭環境などの客観的事実を知るだけではなく、一人ひとりの個性をもった児童生徒の内面を理解することが大切です。児童生徒をよく理解すると、児童生徒がとった行動の意味や特性を把握することにつ

第1節　生徒指導と教育相談とは

ながります。その結果いつ、だれが、どのように指導・援助するのがもっとも効果的であるかが明らかになります。とくに、急激な成長の変化をとげる思春期、中学生・高校生の不安や悩みに目を向け、共感的理解を深めることが重要です。同時に、キャリア発達と進路の決定に導く指導は、社会のルールを守りつつ自分の目標を達成して自立し主体的になるといった人格形成が生徒指導の目的と共通していることも重視します。そのため、児童期・青年期の心理の特徴を熟知することは欠かせません。さらに、実際的・集団的な場面における集団構造や特性を理解することも大切です。ただし、児童生徒理解に基づいた生徒指導・教育相談を行うためには、さまざまな情報を収集する必要がある一方で、児童生徒に関する資料や情報の収集および取り扱いの際には、個人情報の保護に関して細心の注意を払う必要があります。

（原田　恵理子）

[引 用 文 献]

文部科学省 (2008)．中学校学習指導要領解説　特別活動編　ぎょうせい

文部科学省 (2017)．児童生徒の教育相談の充実について〜学校の教育力を高める組織的な教育相談体制づくり（報告）〜教育相談等に関する調査研究協力者会議（平成 27 年 12 月 4 日）〜報告

[参 考 文 献]

神野健・森山賢一・原田恵理子 (2015)．最新生徒指導論　大学教育出版

文部科学省 (2011)．生徒指導提要　教育図書

■■ 第 2 節 ┃ 求められるカウンセリングマインド

　もし児童生徒が悩みを抱えたとしたら、誰に相談するでしょうか。おそらく、自分のことをよく知ってわかってくれている人、親身に話を最後まで聴いてくれる人、あるいは適切なアドバイスをくれるといった人を思い浮かべたかもしれません。信頼できる人だからこそ勇気を出して自分の大事な話を相談し、アドバイスを期待することでしょう。これについては、教員が児童生徒に向きあう時にも大切なことであり、すべての教育活動において教員が重視するのが好

8　　第 1 章　生徒指導と教育相談、そして進路指導とは

ましい態度になります。いいかえると、「カウンセリングマインド」は、教員が身につける重要な資質の一つといえます。

■ 1. カウンセリングマインドとは

あらゆる教育活動を行う時の基盤として教員に必要な態度とされる「**カウンセリングマインド**」は、現在では学校教育現場に広く浸透し、教員が子どもたちの成長を援助する時に重要な態度として理解されています。一人ひとりの児童生徒を客観的かつ総合的に理解・把握することをはじめとして、日頃から児童生徒一人ひとりの言葉にしっかりと耳を傾け、その思いや考えを感じとろうとする姿勢が重要です。同時に、児童生徒を支援しようとする時、教員と児童生徒において信頼関係の構築が重要です。その信頼関係を支える一つが、教員によるカウンセリングマインドの態度になります。もともとは学校における教育相談を育てようとする活動のなかから生み出されたこの言葉は、最近では、あらゆる教育活動の場面で求められる重要な態度・姿勢とされています。

このカウンセリングマインドは、カウンセリングの技術そのものを指すのではなく、その基本となる人間観をすべての教師がもつことを願いとし、一人ひとりを尊重する態度で、「専門のカウンセラーがカウンセリングを行うような気持ちで」といった意味をもっています（渡辺・丹羽・篠田・堀内, 1996）。

カウンセリングは心が不健康になった人に対する治療法として確立した経緯をもちますが、**ロジャーズ**（Rogers）は、心が健康・不健康のいずれであるかにかかわらず、カウンセリングの過程を人間の成長プロセスとしてとらえ、子どもの成長過程を援助する方法の一つとして人間中心教育のための三大原則を提唱しています（ロジャーズ, 1942　末武・諸富・保坂編, 2005）。これは「カウンセ

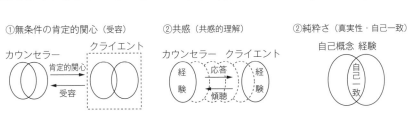

図 1-2　カウンセラーに必要な基本的態度 (渡辺ら (1996) より作成)

ラーのための必要にして十分な三条件」として、カウンセラーにとって必要な基本的態度とされています。しかし、これはすべての教師にも求められる態度であり、あらゆる教育活動の基本となる働きかけとして重要です。この三条件とは、**無条件の肯定的関心、共感、純粋さ**になります（図1-2）。

■ 2. カウンセリングマインドによる教育の三大原則

(1) 無条件の肯定的関心 (Unconditional Positive Regard)

カウンセラーに必要な基本的態度のなかの一つであり、「無条件の肯定的（積極的）関心（受容）」と呼ばれています。教員は、目の前にいる児童生徒をここは良いけれどここは良くないといった条件つきの理解で接するのではなく、「そのままでいて大丈夫だよ」「ありのままのあなたでいいよ」という気持ちで、かけがえのない独自の存在として認め尊重するようにします。そして、無条件に関心を向け、言葉だけではなく、自然で偽りのない気持ちが伝わるような態度で向きあうことを大事にしています。ただし、子どもが何をやっても許すということではなく、その子どもの良いところ悪いところを含めてその子の存在自体丸ごと肯定的に関心を向け、受容的に好意的にみていくよう努めます。

たとえば、校内で煙草を吸った生徒がいたとします。教師の価値基準でその行動を怒り、注意し、指導するだけでは、生徒は「否定的」な態度で説教され、非難された経験をすることになります。行動の裏側にある悩みや心の葛藤は解決できず、人格的成長につながることが難しくなります。そのため、教師は生徒の存在を肯定的に受け取り、「煙草を吸わずにはいられない苛立ちがあったんだね」などの言葉をかけてあげます。これにより、生徒はその行動を叱られたとしても気持ちは理解してもらえたと、受容された経験をもつことになります。自分をありのままに肯定的にみてもらえる経験こそが成長につながる大事な機会になります。

(2) 共感 (Empathy)

共感は共感的理解とも呼ばれます。ロジャーズが「あたかも……であるかのように」と表現したように、児童生徒の気持ちをあたかも自分自身のことであるかのように敏感に感じとることで、「今、ここで」の気持ちを受けとめるこ

とをいいます。無条件の肯定的関心を向けることができると、その時の子ども
の内面に沸き起こる感情や態度が伝わってきます。これにより教師は、自然に
子どもに共感的な言葉で声をかけることができるようになります。

　たとえば、「あなたがそうせざるをえないほど悔しかった気持ちは伝わった
よ」と、私はあなたの気持ちをわかろうとしている、ということを伝えるので
す。「かわいそうに」「ひどいね」「わかるよ、その気持ちは」と相手を理解し
たような同情の言葉をかけてしまうこととは異なります。同情ではなく、自分
の感情や経験と関係なく、相手は今どのような気持ちかと思いやることが大事
になってきます。

(3) 純粋さ (Genuineness)

　純粋さは、「真実性」や「自己一致」とも呼ばれています。児童生徒との関
係のなかで、教師自身がありのままの自分でいられるかどうかということが純
粋さとされています。教師も一人の人間であるため、児童生徒と接していると
内面でその時々にさまざまな感情が生じることがあります。その時にそれを隠
し否定することなく、児童生徒から感じ取ったものをありのままに素直に受け
入れることができるかということです。そのためには、教師自身が自分自身に
ついてよく理解し、自己肯定感をもっていることが大切になってきます。

　たとえば、児童生徒と接している時、その子どもが望ましい成長をする場合
もあれば、受けいれがたい状況や考え、態度にふれることもあります。「言っ
ていることがよくわからない」「先生の解答が間違えている」と児童生徒が教
員に言ってきた時にどのように応じるでしょうか。相手の児童生徒との関係や
その状況によってはさまざまな感情に揺り動かされてしまう場面が生じます。
その場合は、教員自身の内面に生じている感情に振り回されずに、子どもから
感じ取ったものをありのままに聴く準備をし、その時生じた感情を子どもに返
すことができるように心がけたいものです。その過程で、「うるさい」「そのよ
うな言い方をするな」と子どもの気持ちを無視したり、「またそんなことばか
り」と怒ってレッテルをはることだけは避けましょう。「イラッとする自分が
いる」「話をよく聴かないからわからないのだ、耳を傾けない子は嫌いだ」と
いったたくさんある感情のなかの一つに揺さぶられて児童生徒に接するのでは

第2節　求められるカウンセリングマインド

なく、人と接する時の自分の未熟さやクセ、弱さなどを受け入れながら対応できるかどうかが重要になってきます。ありのままの自分で接することのできる教員は、「ごめんね、説明不足だから明日までに準備してくるね」といったように、児童生徒の前で間違いや弱さを素直に認めることができます。翻ってこのような教師は、児童生徒と対等に自他を尊重する立場に立って向きあうことができる存在になりえるといえます。

■ 3. 教員に求められる信頼関係

　基本的態度と同時に重要になるのが信頼関係です。カウンセラー（相談を受ける人）はクライアント（相談する人）とのあいだに、人間関係の基本となる相互の信頼関係である「**ラポール (rapport)**」を形成することが大切です。学校教育活動においても、教師と児童生徒の関係も同じように考えることができ、お互いが尊重しあうなかで活動が展開されるようにすることが望ましいです。「カウンセリングマインド」においてラポールの形成は、教師の重要な基本的態度といえます。ラポールを形成するためには、「子どもの言葉に耳を傾けて最後まで話をよく聴く」「子どもの否定的な面ばかりに目を向けるのではなく、肯定的な面を積極的にみようとする」「子どもに自分の考えや価値観を押しつけない」といった教員の態度が重要になります。このラポールの形成ができると、児童生徒への教育・援助・指導のすべてに望ましい影響を及ぼすことができることから、教師が身につける態度として重視されています。

（原田　恵理子）

［引 用 文 献］

Rogers, C.R.（1942）. *Counseling and Psychotherapy : Newer Concepts in Practice.* Houghton Miffin company（ロジャース，C. R. 末武康博・諸富祥彦・保坂亨共（訳）(2005). カウンセリングと心理療法——実践のための新しい概念（ロジャース主要著作集）岩崎学術出版社）

渡辺弥生・丹羽洋子・篠田晴男・堀内ゆかり（1996）. 学校だからできる生徒指導・教育相談 北樹出版

[参 考 文 献]

原田恵理子 (2013). カウンセリングマインド　藤澤文 (編)　教職のための心理学　ナカニシヤ出版

福田由紀・平山祐一郎・原田恵理子・佐藤隆弘・常深浩平・齋藤有・矢口幸康 (2016). 教育心理学　言語から見た学び　培風館

■ 第3節 ‖ 進路相談とは

　進路相談というと、具体的にどのような光景が思い浮かぶでしょうか。卒業年度の中高生が進路指導の先生や担任と対面し、成績表や内申書、模試の結果等をもとに、将来どうするかについて話しあっている姿が浮かびませんか？このような話しあいは、進路相談の重要な一場面です。しかし、卒業後の生徒の進路決定の支援をすることだけが、進路相談ではありません。

　近年、私たちをとりまく社会はかつてないスピードで変化しています（詳しくは、藤田 (2014) などを参照）。たとえば、社会は情報化し、グローバル化し、ライフスタイルは多様化し、ひと昔前の進学校で伝統的に行われてきたような、偏差値の高い学校に行けば安定した職を得ることができ、安定した生活を送ることができるといった学歴偏重主義的な考え方は、ほとんど通用しなくなりつつあります。また、若者の就労意識の低下、いわゆる『ニート (NEET : Not in Education, Employment or Training)』の問題がある一方で、終身雇用制の崩壊や非正規雇用者の増加など社会全体の雇用形態の変化や景気の悪化に伴い、働きたくても安定した雇用を得られない若者の増加や、いわゆるブラック企業、ブラックアルバイトにおいて搾取される若者の増加、働いても働いても生活が豊かにならないワーキングプアの問題などについてもくり返し取り沙汰されてきています。同様に教育格差の問題や、貧困の再生産の問題についても深刻です。これらの社会問題の改善に向けて、学校教育は重大な役割を果たすことが期待されています。では、どのような人を育てることが、未来の社会をより良くするのでしょうか？　近年の教育施策において、中心的なテーマに位置づけられるのが、キャリア教育という考え方です。キャリア教育は、従来の進路指導の

理念や目的から生まれ、発達してきました。それでは、手始めに進路指導の意義目的から考えていきましょう。

■ 1. 進路指導の定義と課題

進路指導は、文部省（1961）『進路指導の手引き――中学校学級担任編――』において以下のように定められています。

> 進路指導とは、生徒の個人資料、進路情報、啓発的経験および相談を通じて、生徒みずから将来の進路の選択、計画をし、就職または進学して、さらに<u>その後の生活によりよく適応し、進歩する能力を伸長するように</u>、教師が教育の一環として、組織的、継続的に援助する過程である（下線は著者による）

上の下線部の箇所は『将来の生活における職業的自己実現に必要な能力や態度を育成する』と広い意味に解釈することができます（文部省，1983）。つまり、進路指導は、生徒の自己決定や主体性を尊重し、自己実現を促すための教育的な支援や援助であり、生徒たちが社会に出た時に必要とされる能力や適性がしっかりと身につくように支援したり、よりよい進路選択を可能にしたりするための、教師による計画的、組織的、継続的なかかわりと考えられます。

それでは、これまで学校教育で実践されてきた進路指導はどのようなものであったのでしょうか？　20世紀後半は学歴偏重の時代背景もあり、教育理念と実践が十分に一致してこなかったという批判があります。どうしても生徒の成績を重要な根拠にした、教師主体の進路選択がなされがちでした。そのため、生徒の希望や自己実現よりも、むしろ現実的に可能性のある進路決定が優先される傾向があり、一部では「**偏差値輪切り**」「**出口指導**」と批判されてきました。理念として掲げられてきた進路指導のあり方と、実際に学校教育のなかで実践されてきた「進路指導」とのあいだには、残念ながら大きな解離があると言わざるを得ません（詳しくは、藤田（2014）を参照）。

■ 2. 進路相談とは

『魚を与えるのではなく釣り方を教えよ』という言葉があります。進路相談

は、就職や進学先の斡旋に特化した活動ではありません。むしろ、生徒が生き方を選択し、着実に歩みを進めていくための基本的な力や態度を育むことに意味があります。

文部省 (1985) は、**進路相談**について、生徒の一人ひとりが主体的に、将来の生き方への関心を深め、自分の能力や適性を理解し磨きあげ、将来を見通して将来の計画をたて、進路を選択し卒業後の生活によりよく適応していくことができるように指導することであるとしています。学校教育において、進路相談は進路指導の中核とされており、それを実現するためには、教師の計画的、組織的、継続的な指導や援助が必要です。

学齢期の進路相談では、児童生徒が将来、社会に適応できるようになるために自分を生かすすべを見極める援助をします。まず学校の成績やスポーツをはじめとする課外活動の結果や周囲とのつながりなどから、適性や志向性をはじめとする多くの自分に関する情報を把握し、自身を多角的に理解します。それと併行して、自身が興味をもつ職業やそれにつながる進路のプロセスを理解します。発達に応じてそれらの理解を深められるように指導し、同時に将来に向かって各段階ですべきことを考え、試行することを援助します。その一連の過程が進路相談と位置づけられているのです。

■ 3. 教育相談と進路相談の関係

先に述べた進路相談は教育相談と密接に関係します。とくに中学・高校段階においては、生徒の将来の不安に寄り添うことや学校への適応を援助することは、教育相談の中核に位置づけられているといえます (仙崎・野々村・渡辺・菊池, 2012)。多くの生徒は、進路のことで不安を感じたり、悩みを感じたり、課題をもちながら意思決定し、乗り越えようとしています。そういった子どもたちを包括的に支援していく対面的なかかわりは、教育相談でもあり進路相談でもあるのです。

小学校段階においても、同様のことがいえます。小学校においては、進路指導という言葉は用いられませんが (キャリア教育と表現されます)、自身の好きなこと・得意なこと・興味があることに向かって学びやかかわりを深めていくこ

第3節　進路相談とは　　15

とを支えることは、教育相談において重要な視点であり、それは同時に進路相談（キャリア・カウンセリング）でもあるということができます（詳しくはキャリア教育に関する次節を参照してください）。

　学校では、生徒指導部と進路指導部が校務分掌として別々に設置されているのが通常です。そのため教育現場では、教育相談は生徒指導部の活動、進路相談は進路指導部の活動と別々にとらえられがちです。組織図や校務分掌の割り当てとは切り離して、広い視野で進路相談をとらえることが、後述する『キャリア教育の断片をつなぐ』ために必要です。

（鎌田　雅史）

［引 用 文 献］

藤田晃之（2014）．キャリア教育基礎論——正しい理解と実践のために——　実業之日本社

文部科学省（1961）．進路指導の手引き——中学校学級担任編——

仙崎武・野々村新・渡辺三枝子・菊池武剋（編）（2012）．改訂 生徒指導・教育相談・進路指導　田研出版株式会社

［参 考 文 献］

阿部真大（2006）．搾取される若者たち——バイク便ライダーは見た！——　集英社新書

小泉令三・古川雅文・西山久子（2016）．キーワードキャリア教育　北大路書房

国立教育政策研究所（2016）．「キャリア教育」資料集 研究・報告書・手引き編（平成28年度版）
　http://www.nier.go.jp/shido/centerhp/28career_shiryoushu/index.html

■■ 第4節 ‖ 骨格となるキャリア教育

　もし突然、広大な荒野に立たされ「どこへでも好きなところに行きなさい」と言われたら、あなたはいったいどうするでしょうか？　何をすべきか混乱して立ちすくんだりしないでしょうか？　人が未来の行動を選択するには、目的と意思、そしてそれ相応の準備が必要です。その準備とは、計画や目標、方向性を定めることであったり、心のもちようであったり、あるいはさまざまなトレーニングであったりします。

　どの子どもたちも、いつか学校教育を終えます。もし、十分な準備がなく社

会に飛び込んでいったらどうなるでしょうか？　子どもたち一人ひとりが社会のなかで自分の居場所を見つけ、その人なりに社会に根づいていくためにはキャリア教育が大切です。本節では、キャリア教育の枠組みから学校教育の役割を整理します。

■ 1. キャリア教育とは

「一人ひとりの社会的・職業的自立にむけ、必要な基礎となる能力や態度を育てることを通して、**キャリア発達を促す教育**」を**キャリア教育**といいます。キャリア発達とは、「社会のなかで自分の役割を果たしながら、自分らしい生き方を実現していく過程」のことです。

　文部科学省の発刊する**キャリア教育の手引き**(2012)においては、「子ども・若者が、社会の一員として役割を果たすとともに、それぞれの個性、持ち味を最大限発揮しながら、自立して生きていくために必要な能力や態度を育てる教育」と解説されています。

　キャリア教育の理念や目的は、従来の進路指導と大差ありません。しかし、進路指導が「出口指導」に終始しないように、その実践をキャリア教育の視点からとらえなおし、学校関係者全体で意識的にキャリア発達を促進させることが必要です。さらに、従来の進路指導が、中学生、高校生を対象とするものであったのに対し、キャリア教育では「幼児期の教育から高等教育に至るまでの体系的な推進(答申. 2011)」の重要性が指摘されており、子どもの発達に応じて(就学前教育、初等教育、大学等の高等教育も含め)**学校種**を超えて教育方針を統一することや、接続をスムーズにするといった取り組みも含みます。それでは、キャリア教育の内容についてみていきましょう。

　図1-3は、近年の教育施策におけるキャリア教育の考え方を、イメージ図にしたものです。キャリア教育の目的は一人ひとりの**社会的・職業的自立**です。将来を見据えた上で、それぞれの発達段階においてその時期にどのような体験があり、どのような力を身につけることができるのかについて考えていくことが必要です。学校が変わると、教育方針が大きく変わり、せっかく育まれてきた芽が摘まれるような事態は避けなければなりません。そのためには、幼稚園の

第４節　骨格となるキャリア教育　　**17**

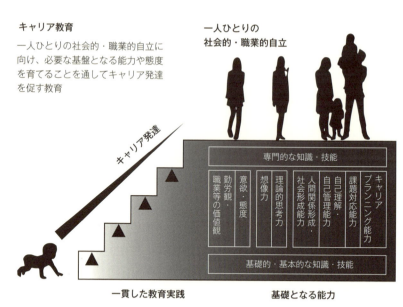

図 1-3　キャリア教育の概要 (答申 (2011) に基づき作成)

ような就学前教育から大学等高等教育機関に至るまで、学校教育を終えた時にどのような人を育てたいのかという方向性を統一した上で、一貫した教育を実現することが求められます。たとえば、幼児教育において自律性や自発性の芽を育むことは将来のキャリア選択をする力の源になります。時間や約束を守る、基本的な生活習慣を身につける、隣人を大切にする、誠実さや忍耐力を身につける、自分の価値や役割に気づくなども同様です。それぞれの年齢ごとに、体験を通して身につけていくべき基本的な力をしっかりと育てていくことがキャリア発達の支援といえます。また、進学や転校などで学校が変わる節目には、教育機関間で情報交換しながら、それぞれの学校に子どもたちが適応できるように支援・教育していくことも、円滑なキャリア発達を促す上で欠かせません。

　具体的に、子どもたちのどのような力を育む必要があるのかについては、主体性を重んじながら一人ひとりのキャリアを個別に考えていくべきことですが、どの子どもたちについても共通して育むべき力は、基礎的・汎用的能力という形で提案されています (答申, 2011)。この点については、後ほど説明して

いきます。

■ 2. 学校教育におけるキャリア教育の位置づけ

学校教育は「人格の完成を目指し、平和で民主的な国家および社会の形成者として必要な資質を備えた心身ともに健康な国民の育成を期して行われる」と定義されています（教育基本法 第一条）。

必要な資質を備えた心身ともに健康な国民の育成という考え方はこれまで述べてきたキャリア教育の理念と類似しており、キャリア教育は学校教育のなかで、昔から、日常的に実践されてきたといえます。キャリア教育は、むしろ、従来の教育実践をさらに有効なものにするために、丁寧に見直し、つなぎあわせ、改善していこうという試みです。なぜならば、従来、個々の教育活動はそれぞれの指導者の意図のもと、学校、学年、教員、教室ごとに切り離されて個別に実践されてきたところがあるからです。子どもたちによっては、進学したり引っ越ししたりすると受ける教育の内容や方向性が異なってしまい、断片的な学びによって混乱してしまうことは少なくありませんでした。また、子どもたちは、授業で習うことはあくまで授業のなかの話ととらえがちです。そのため、自分の今の生活が将来のどのような生活につながるのかについて、あいまいなままになんとなく学校生活を送っている子どもは少なくありませんでした。こうした背景の反省のもと、キャリア教育は特定の教育活動を指すものではなく、こうした「**断片**」をつなぎあわせ、学校教育の理念と方向性を示そうとするものなのです。つまり、すべての教員たちが、子どもたちの将来を見据えたキャリア教育的な視点を意識しながら子どもたちと関わることが大切です。それによって、学校のさまざまな場面での個別の教育活動が、キャリア教育の合言葉のもとにつなぎあわされて、一貫した教育が可能となります。

■ 3. 断片をつなぐキャリア教育

キャリア教育を有効に行うためには、児童生徒が学校教育を巣立つ姿を思い浮かべ、必要な力が発達に応じて体系的に身につくように指導していくことが求められます。ちぐはぐな教育にならないようにするためには、学校種や、職

種、立場を超えて、目の前の児童生徒に対する教育の方向性を、教育活動に携わるすべての大人が、共有する必要があります。さらに、児童生徒が社会に出るための基礎的な経験を積むためには、学校内のみならず、地域や家庭との連携や、インターンシップ等による経験を充実させる必要があります。

ところで、歩むキャリアは一人ひとり異なりますから、児童生徒によって必要な能力や態度はさまざまです。キャリア教育では、それぞれの子どもにとって、社会に旅立つ時に必要な力をどのように考えるのでしょうか。キーワードとなるのが「**基礎的・汎用的能力**」です。これは、中央教育審議会 (2011) が、児童生徒が、どのような進路を進むにしても、社会的・職業的立に向け必要な基盤となる能力や態度として明示したものです。具体的には、「人間関係形成・社会形成能力」「自己理解・自己管理能力」「課題対応能力」「キャリアプランニング能力」の４つの能力によって構成されます。教育に関わるすべての大人たちが、これらの能力の伸長を重点的に意識しながら、体系的に教育活動を実践することが求められます。

学校全体でキャリア教育の目的や、教育課程での位置づけを共通理解しながら学校内の教育活動をつなげていくために、以下のような方策が奨励されています (詳しくは、文部科学省『キャリア教育の手引き』を参照)。まず、各学校はそれぞれの学校の実情と、基礎的・汎用的能力を参考にしながら、学校長が**全体計画**を策定し、目標や育成したい能力・態度、教育内容・方法、各教科との関連性などを明確化し、キャリア教育を**教育課程**に明確に位置づけ、学校内外に示します。次いで、各分掌・役職を担う教員が全体計画によって示された目標や方針を、**年間指導計画**によって具体化します。個々の教員は、学校の目標や個々の教育活動の位置づけを共有しながら、教科指導、学級活動、特別活動などあらゆる活動を通して、キャリア教育を実施することとなります。

■ 4. キャリア教育の中核となるキャリア・カウンセリング

以上のように、キャリア教育は計画的、組織的、継続的な教育活動であり、子どもに関わるすべての教員によって実施されます。また、特定の活動ではなく、基礎的・汎用的能力のように、目の前の子どもの社会的・職業的自立に向

け必要な能力や態度を育成する活動すべてが含まれます。キャリア教育の一環とし行われる、一人ひとりに応じた対面的な支援や指導を**キャリア・カウンセリング**といいます。

　キャリア・カウンセリングについて、2009 年に国立教育政策研究所（現 生徒指導・進路指導研究センター）は、Q&A のなかで以下のように説明しています。

> 　学校におけるキャリア・カウンセリングは、発達過程にある一人一人の子どもたちが、個人差や特徴を生かして、日々の生活における様々な体験を前向きに受け止め、日々の生活で遭遇する課題や問題を積極的・建設的に解決していくことを通して、問題対処の力や態度を発達させ、自立的に生きていけるようにすることを目指しています。これはキャリア教育の目標と同じです。ただ、キャリア・カウンセリングは「対話」つまり、教師と児童・生徒との直接の言語的なコミュニケーションを手段とすることが特徴です。

　学校や社会への適応は、子ども自身のキャリア形成に直結します。将来の社会的・職業的自立を目指して「今」何ができるかについて児童生徒が理解し、日常的な活動に反映させることが望まれます。キャリア・カウンセリングとは、広義には、児童生徒がさまざまな発達的、教育的課題を乗り越え、キャリア発達を遂げるための対面的支援や、関係づくりに関するすべての活動を含みます。

　表 1-2 に示すような、何気ない日常生活におけるやりとりが、キャリア・カウンセリングの一場面となります。たとえば、高校の進路懇談等は計画された個人へのキャリア・カウンセリングといえます。とくに、児童生徒と直接コミュニケーションをする機会の多い、担任をはじめとする教員たちの、ニーズに応じてタイミングよくかかわることが期待されます。

　本来、進路指導における進路相談とキャリア・カウンセリングは同じものです。しかし、「出口指導」と揶揄され

表 1-2　キャリア・カウンセリングの具体例

・社会的マナーや生活習慣を身につけるための指導
・勉強の仕方についてのアドバイス
・学校生活・人間関係・学習などの悩みへの相談
・進路に関する情報を提供する
・校外の進路等に関するサービスについての情報提供

第 4 節　骨格となるキャリア教育

た従来型の進路指導とは大きくイメージが異なります。従来型の進路指導を、キャリア教育の視点からとらえなおしていくことが大切です。さらに、平成29年3月に公示された新学習指導要領（平成30年度幼稚園より段階的に実施）においては、これまでの学校教育の良さを引き継いだ上で、学校におけるさまざまな体験をつなぎあわせていく教育改善の必要性が示されており（カリキュラム・マネジメントに関する本書6章を参照）、キャリア教育はその中核的活動の一つとして位置づけられています。将来の学校教育においては、これまで以上に充実させていく試みが求められます。

（鎌田　雅史）

［引用参考資料］

中央教育審議会（2011）．今後の学校におけるキャリア教育・職業教育の在り方について（答申）

国立教育政策研究所 生徒指導研究センター（2009）．自分に気付き、未来を築くキャリア教育──小学校におけるキャリア教育推進のために──

　http://www.nier.go.jp/shido/centerhp/syoukyari/shougakkou_panfu.htm

文部科学省（2012）．高等学校キャリア教育の手引き

［参 考 資 料］

国立教育政策研究所（2016）．「キャリア教育」資料集 研究・報告書・手引き編（平成28年度版）

　http://www.nier.go.jp/shido/centerhp/28career_shiryoushu/index.html（2017年12月4日）

文部科学省（2011）．先生応援ページ1（手引き・パンフレット等）　文部科学省ホームページ

　http://www.mext.go.jp/a_menu/shotou/career/detail/1312372.htm（2017年12月4日）

文部科学省（2012）．先生応援ページ2（研修用動画・資料等）　文部科学省ホームページ

　http://www.mext.go.jp/a_menu/shotou/career/detail/1315412.htm（2017年12月4日）

■ 第5節 ‖ 学校心理学からの進め方

■ 1. 学校心理学とは

　学校心理学（School Psychology）は、アメリカやヨーロッパでは歴史がある学問の1つで、子どもが学習や学校生活で苦戦している時、その原因を探り、心理学に基づく専門的な援助を行うことに関する研究や実践からなる学問です。

アメリカでは「**スクールサイコロジスト**」、イギリスでは「**エデュケーショナルサイコロジスト**」と呼ばれる専門職があります。日本では、現場の先生方や管理職、特別支援教育の先生、スクールカウンセラーなどによって、『子どもの援助の枠組み』として活用されています（石隈，1999）。

　学校心理学は、子どもの何を援助するか、どのように援助するか、誰が援助者か、といった問いに答えるのに役立ちます。次に、学校心理学からの進め方を、具体的にみていきます。

■ 2.　子どもの何を援助するか

　学校心理学では、子どもが援助を必要とする領域を、学習面、心理・社会面、進路面、健康面の4領域でとらえます。これは、石隈・小野瀬（1997）が実施した援助ニーズ調査を基盤としています。この調査では、中学生・高校生、保護者、教師が心理教育的援助サービスの専門家（たとえば、スクールカウンセラー）に相談したいと思うことを尋ねています。**学習面**では、「もっと成績を伸ばしたい時」「不安や悩み事があるために勉強が手につかない時」「授業の内容がわからなくてついていけない時」などがあげられています。**心理・社会面**では、「自分の性格や自分の身体の変化などを知りたい時」「友だちとのつきあいがうまくいかなかったり、友だちがいない時」「学校に行くのがつらくなったり、行きたくなくなったりした時」などがあげられています。**進路面**では、「自分の能力、長所、適性を知りたい時」「進学や就職のための勉強や準備にやる気が起きない時」「友人関係を気にして、どんな進路にするか考えてしまう時」などが含まれます。**健康面**は、この当時は調査に含まれていませんでしたが、養護教諭の先生方が行う健康相談の重要性から、現在では援助ニーズの領域に加わっています。健康面では、「身体の不調を感じた時に、どこに相談したらよいかわからない時」「自分の身体の変化を受けいれにくい時」「自分のジェンダーについて悩んでいる時」などが考えられます。

　多くの項目が誰もが一度は経験したことがあるものだと思います。すべての子どもたちは、こうした発達課題や教育課題に取り組みながら成長しています。子どもの成長を考えると、自分で悩んだり、身近な人（友人、先輩、親、先生）

に相談して解決しようとすることも重要ですが、これらの悩みが大きくなりすぎて、自己肯定感ややる気が低下したり、問題行動を示している時など、専門的な援助を必要とする時もあります。

3. 子どもをどのように援助するか

学校心理学では、三段階の心理教育的援助サービスという考え方を用います（図1-4参照）。**一次的援助サービス**は、すべての子どもを対象とする援助サービスで、新入生に対するオリエンテーションや、わかりやすい授業、自己理解を促すために行う心理教育の授業などが含まれます。**二次的援助サービス**は、登校しぶりがみられる子どもや、転入生、遅刻・早退がみられる子どもなど、一部の気になる子どもを対象とする援助サービスになります。**三次的援助サービス**は、不登校状態にある子どもや、発達障害を有する子ども、いじめの被害や加害を経験している子どもなど、特別なニーズをもつ子どもを対象とします。これらは、段階ごとに積み上げられていくものであり、三次的援助の対象の子どもが一次的援助を必要としないということではありません。一次的援助サービスはすべての子どもに対して行われる基礎的な援助サービスであり、この段階の充実が二次的援助、三次的援助を必要とする問題状況の予防につなが

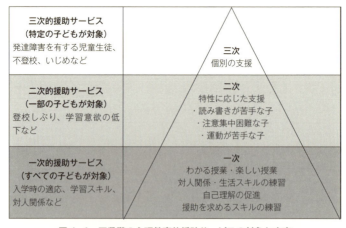

図1-4　三段階の心理教育的援助サービスの対象と内容

ります。

　沖・飯田・雪田 (2013) は、特別支援を要する児童が多く在籍する小学校において、学校全体で授業の**ユニバーサルデザイン**化に取り組んだ結果、先生の授業スキルが向上し、子どもの学習の理解度が上昇した実践を報告しています。授業の始めに、授業の流れを板書し見通しをもたせる、授業時間をいくつかの活動に切り分ける、教科書を読む・映像を見る・人と話す・ノートをとるなど多様な感覚様式を用いた授業展開を行うなど、授業を工夫することは一次的援助サービスにあたります。こうした工夫で、授業が楽しくわかりやすくなることは、多くの子どもにプラスになります。

　一方で、一次的援助サービスで特別な教育的ニーズへの対応のすべてが足りるということはありません。Youtube で、「松谷友直君」を検索してみてください。彼は、学習障害 (ディスレクシア) があり、「明朝体で書かれた文字が歪んで見える」「真剣に書いていても自分の名前の漢字も間違える」「課題をこなすことが限界になり、学校に行けなくなった」といった体験を語っています。各児童生徒が直面している問題状況に即した適切な支援が必要です。全体を対象とした援助に加えて、個別化された援助をどのように集団のなかで行うか、これがこれからの教育相談・生徒指導の課題といえます。

■ 4. 誰が援助者か

　学校心理学では、子どもの援助者を、専門的ヘルパー、複合的ヘルパー、役割的ヘルパー、ボランティアヘルパーの4種類に分類しています (石隈, 1999)。**専門的ヘルパー**は、職務のほとんどを専門的な援助サービスの提供が占める職種であり、スクールカウンセラー、スクールソーシャルワーカーが該当します。現在、一部の地域・校種では専任で教育相談を行う教師が任命されている場合もありますが、そうした教師は専門的ヘルパーといえるでしょう。専門的ヘルパーは、アセスメント、カウンセリング (子どもへの直接的援助)、教師や保護者、管理職に対するコンサルテーションを行います。**複合的ヘルパー**は、教科指導、生活指導、進路指導、学校行事の運営など複数の役割を担うなかで、子どもの援助サービスの提供を行う人であり、教師に該当します。複合的ヘルパーは子

どもと関わる多様な場面を生かして、子どもをよく観察し、必要に応じて子どもに声をかけ、さりげなく支援を行うことができます。**役割的ヘルパー**は、職務ではなく、人生上の役割として子どもを援助する立場の人であり、保護者に該当します。子どもが学校で嫌なことがあった時、家に帰って、保護者に話を聞いてもらって、元気を回復するなど、子どもにとって重要な存在です。**ボランティアヘルパー**は、職業上も人生の役割上も子どもを援助する義務があるわけではないですが、ほうっておけないという気持ちから、子どもの援助を担ってくれる人です。子どもの友人や近所のおじさん・おばさん、地域のお店の店主などが該当します。ボランティアヘルパーから助けてもらう体験は、子どもにとって、自然なものととらえられやすく、自信の回復につながりやすい特徴があります。

　学校心理学では、これらのヘルパーが連携して、チームで子どもを援助することを大切にします。教師は学校教育の専門家、保護者は自分の子どもの専門家、スクールカウンセラーは心理の専門家、スクールソーシャルワーカーは児童福祉の専門家です。互いの専門性や強みを生かして、子どもの援助をチームで行います。

　下にアクティブラーニングとして使えるアイディアをあげてみました。トライしてみましょう。

アクティブラーニングのアイディア：自分の周囲にある援助資源について、専門的ヘルパー、複合的ヘルパー、役割的ヘルパー、ボランティアヘルパーごとに、書き出してみましょう。専門的ヘルパーは、今利用しているということではなく、必要になったら利用できる場所を調べてみましょう（例：大学の学生相談室）。

■ 5. 学校心理学の課題

　学校心理学の枠組みに基づいて、これまで多くの実践や研究が行われています（詳しくは，水野・石隈・田村・田村・飯田，2013）。それらは、子どもの援助に関するさまざまな課題に取り組むヒントになります。一方で、日本の学校では、諸外国と比べて教師の役割が大きく、教師の働き方の問題もクローズアップされています（図1-5参照）。さまざまな領域の専門家を含む多職種によるチーム

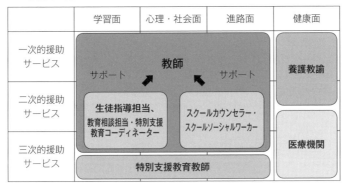

図1-5 学校心理学のマトリックスと日米のヘルパーの連携の比較

づくりが、今後の学校心理学の大きなテーマの一つです。

(飯田 順子)

[引 用 文 献]

石隈利紀 (1999).　学校心理学——教師・スクールカウンセラー・保護者のチームによる心理教育的援助サービス——　誠信書房

水野治久・石隈利紀・田村節子・田村修一・飯田順子 (2013).　よくわかる学校心理学　ミネルヴァ書房

沖久幸・飯田順子・雪田彩子 (2015).　小学校における特別な配慮を要する児童への学校全体の支援の取り組み——ユニバーサルデザインとソーシャルスキル教育を用いて——　学校心理士会年報, *8*, 111-122.

Youtube「松谷友直君——自分らしく学べる学校へ」http://tedxkidschiyoda.com/speakers/2611/（2017年9月7日）

[参 考 文 献]

Jimerson, S. R., Oakland, T. D., & Farrell, P. T. (2006). The Handbook of International School Psychology, Thousand Oaks, CA：Sage.（石隈 利紀・松本 真理子・飯田 順子 (監訳) (2013).　世界の学校心理学事典　明石書店）

日本学校心理学会 (2016).　学校心理学ハンドブック——「チーム」学校の充実をめざして——第2版　教育出版

■ 第6節 ‖ うまくいくチーム連携

　学校では、従来から「チーム」での対応が行われてきました。とくに、中学校や高校では学年の結束が強く、生徒指導・教育相談上の対応など、学年団を中心に行われてきました。一方、そこでのチームは、教師同士のチームであり、同僚性を基盤としています。今、文部科学省が提唱している「**チームとしての学校**」は、**スクールカウンセラー**や**スクールソーシャルワーカー**など心理や福祉の専門職や、ICT活用のスキルをもった専門人材や部活動に関する専門スタッフを増員し、教師が教科教育の準備などに専念できるようにしていくという方向性であり、そこでのチームは多職種からなるチームです。多職種からなるチームの活動をうまく進めていくには、これまでの同僚同士の、"阿吽の呼吸"や"暗黙の了解"ではうまくいきません。教師も他の専門職も互いにコミュニケーションを細かくとり、自分の専門性を他の人に説明することも必要です。また、チーム全体のかじ取りをするコーディネーターの存在や役割が

28　　第1章　生徒指導と教育相談、そして進路指導とは

欠かせません。以下、うまくいくチーム連携のポイントを述べていきます。

■ 1. ビジョンとしてのチーム学校

34ヵ国・地域が参加するOECD調査の教師の指導環境調査（Teaching and Learning International Survey：TALIS）の結果によると、日本の教員は世界一労働時間が長いというデータがあります（文部科学省，2014）。そのなかで、授業時間は参加国平均と同程度であり、授業外で費やされる時間が長いことが示されています。もう一つ、学校内で働く教師以外の専門家の比率がアメリカやイギリスと比較して、極端に少ないことも示されています（イギリス49％、アメリカ44％に対して、日本は18％）。このことは、日本では、ほとんどの仕事を教師が行っていることを示しています。こうした背景をふまえ、教師が教師でなければできないこと（教科指導）に専念できるよう、多様な専門家を学校に配置し互いの専門性を活かした連携を進めていくための手段が「**チームとしての学校**」です（文部科学省，2016）。子どもが直面する課題は多岐にわたっています（子どもの貧困の問題、トラウマを抱える子ども、日本語指導を必要とする子ども、ジェンダーアイデンティティで悩む子ども、発達障害をもつ子どもなど）。チームとしての学校が進むことにより、こうした子どもたちに対して、これまで以上に個に応じた専門的なサービスを提供できるようになると考えられます。

■ 2. チームへの期待と不安

家近（2014）は、教師のチームへの期待と不安について紹介しています。教師がもつ「**チームへの期待**」には、「ほかの人（先生）に自分の気持ちをわかってもらえる」「生徒理解において、あらたな視点が得られる」「自分の仕事の負担が軽減される」「生徒の保護者への適切な対応が考えられる」などがあります。一方、「**チームへの不安**」には、「自分だけで対応するよりも、生徒や保護者への働きかけに時間がかかる」「教師の責任感がうすれ、やる気がなくなる」「生徒の対応について責任の所在が不明確になる」「生徒の対応について自分の力量不足が明らかになる」などがあります。

学校現場で多職種のチーム連携を定着させていくには、不安やコストを感じ

第6節　うまくいくチーム連携　29

ながらも、チームで援助してうまくいった、より良いサービスが提供できたという成功体験や自信を積み上げていくことが大切です。家近 (2014) は、SC (スクールカウンセラー) がコンサルタントとして参加した援助チームの実践について参加教師にインタビュー調査を実施しました。その結果、①生徒への接し方 (例.「なぜ、子どもがそう行動し、親がそうするしかないことも理解して接するようになった」)、②自己修正 (例.「自分のやり方に対して反省し、意識する場面がものすごく増えた」)、③自信・安心 (例.「全体としても、SC の存在から、教師が安心して指導しているように感じる」)、④視点 (「コーディネーション委員会を通して SC から違った視点を与えられる」)、⑤仕事上の役割の明確化 (「学級の教師がどうやっていこうか、教育相談の教師がどうしていこうかという部分が出てきていると思う」)、という意識の変化が得られたと報告しています。自分とは異なる専門性を有する人と協働して、自分の視野が広がった、成長できたという体験をもつことで、少しずつ多職種連携が現場になじんでいくことと思われます。

■ 3. チームを促進するツールとスキル

一つひとつのチーム連携を肯定的な体験にしていくためには、それを促進するツールやスキルが重要です。会議を効率的・効果的に進めるツールとして、**援助資源チェックシート**、**援助チームシート**があります (図1-6)。援助資源チェックシートは、学校内外の子どもの援助資源 (子どもを援助してくれる可能性のある人的資源) を記入するシートで、円形のシートの真ん中に子どもの名前を記入し、担任、前担任・教科担当、部活・クラブ顧問、管理職等、養護教諭、SC や相談員、コーディネーター、医療機関・相談機関、保護者、学級の友だちなどの名前を記入するシートです。このシートに、外部の相談機関の連絡先や担当者の名前、休診日、開室時間なども書き込んでおくと、連絡をとる時に便利です。援助チームシートは、学習面、心理・社会面、進路面、健康面について、(A) いいところ、(B) 気になるところ、(C) してみたこと、(D) この時点での目標と援助方針、(E) これからの援助で何を行うか、(F) 誰が行うか、(G) いつからいつまで行うか、を記入する欄からなります。援助チーム会議では、まず参加者が自己紹介をして、子どものいいところを言うところから始まりま

30 第 1 章 生徒指導と教育相談、そして進路指導とは

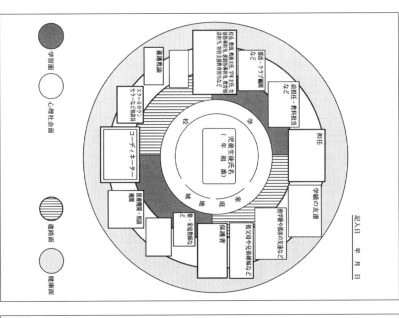

図1-6 援助資源チェックシート・援助チームシート（石隈・田村, 2003）

第6節 うまくいくチーム連携　31

す。そして、気になるところ（子どもの課題）、これまでにしてみたことを話しあいます。ABCを埋めたところで、今の子どもの援助ニーズをみんなで検討し、方針（D）をたてます。援助チームを効果的に進めていくためのスキルとして、司会者のスキルと参加者のスキルがあります。援助チームの進め方について詳しくは、石隈・田村（2003）に紹介されています。

> **アクティブラーニングのアイディア**：田村・石隈（2013）に特別な支援を要する児童生徒の事例が紹介されています。具体的な事例を用いて援助資源チェックシート、援助チームシート（A～C）を埋めてみましょう。シートを埋めたら、グループで記入した内容を共有し、D～Gの内容を話し合ってみましょう。

■ 4. コーディネーターの重要性

うまくいくチーム連携には、**コーディネーター**の存在が欠かせません。コーディネーターは野球でいうところのキャッチャーのような役割で、声を出して全体を鼓舞したり、データに基づく作戦をたてたり全体に指示を出したり、監督と他の野手の仲立ちをするなど、"扇の要"の役割を担います。コーディネーターには、全体を見ながら、チームの他のメンバーと一緒に子どもの援助を具体的に進めていく力が求められます。

瀬戸・石隈（2002）は、コーディネーターの具体的な行動（コーディネーション行動）と、それに必要な能力・権限に関する研究を行っています。コーディネーターの仕事は、個別の援助チームのなかで行う仕事と、学校・地域レベルで行う仕事に大別されます。個別の援助チームの中で行う仕事は、①アセスメントや判断、②保護者・担任との連携、③援助チームの形成と維持、④地域との連携です。学校・地域レベルで行う仕事は、①広報活動、②日頃からの情報収集、③連絡・調整やネットワーク、④マネジメントの促進です。そして、それを実現するためのコーディネーターに必要な能力には、A状況判断能力、B専門的知識・技能、C援助チーム形成能力、D話しあい能力、E役割権限があります。A～Dは、コーディネーターの能力になりますが、Eは適切な人に必要な権限を与えるという管理職のリーダーシップのことです。コーディネーターを任命する時点で、その人にどのような役割を求めているのか明確化し、その人が

その役割を遂行しやすいよう権限 (たとえば、チーム援助会議を招集する、時間割のなかにその役割を遂行する時間を位置づける) を与えることが重要です。

多職種のチーム連携の実践や研究が、今後さらに充実していくことが期待されます。

(飯田　順子)

[引 用 文 献]

家近早苗 (2014). 学校づくりを支えるコーディネーション委員会　学校教育と心理教育的援助サービスの創造　講座現代学校教育の高度化 (pp.121-143)　学文社.

石隈利紀・田村節子 (2003). 石隈・田村式援助シートによるチーム援助入門——学校心理学・実践編——　図書文化

文部科学省 (2014). 我が国の教員 (前期中等教育段階) の現状と課題——国際教育指導環境調査 (TALIS) の結果概要——　http://www.mext.go.jp/b_menu/toukei/data/Others/1349189. htm (2017 年 7 月 27 日)

文部科学省 (2016).「チームとしての学校」の在り方　http://www.mext.go.jp/b_menu/shingi/ chukyo/chukyo3/siryo/attach/1365408.htm　(2017 年 8 月 7 日)

瀬戸美奈子・石隈利紀 (2002). 高校におけるチーム援助に関するコーディネーション行動とその基盤となる能力および権限の研究——スクールカウンセラー配置校を対象として——　教育心理学研究, *50*, 204-214.

[参 考 文 献]

田村節子・石隈利紀 (2013). 石隈・田村式援助シートによる実践チーム援助——特別支援教育編——　図書文化

【教師の役割】「何度言ってもわからないんです。」「甘えているんですよ。」うまく指導に乗ってくれない子どものことを語る先生方の言葉です。

『言った（説明した）＝子どもが理解した＝できる』ではないし、そもそも『まだまだ甘えても仕方のない年齢』なのに、と思いながらこんな先生方の言葉を聞いています。多様な子どもに対応し、時間に追われる日々の指導を鑑みるとこんな言葉が出てしまう気持ちもよくわかります。でも、ここでちょっと余裕をもって『なぜ』を考えてほしいと思うのです。『なぜ、この子には通じないのか。』『なぜ、この子はこのような行動をとるのか。』こんなところに問いを立てて問題を読み解こうとすることが教育相談の第一歩です。

行動の背景を読み解き、どうすればその子の困り感に届く支援ができるのか、自分の指導をふり返って改善していくことも教育相談の重要なところです。子どもを取り巻いているさまざまな状況を理解し、気持ちに寄り添いながら指導するということは、実際にはそれほど簡単にできることではありません。手間も時間もかかります。でもこうしたところにこそ子どもの発達を支援する本当の指導があります。子どもの発達をはじめ状況をふまえていない指導は、効果が上がらないばかりか、あらたな問題を生んでしまう可能性すらあります。

授業を含め日々の指導のなかで、子どもを多面的にとらえ理解していく目を鍛えていくこと、そして自分の指導を具体的行動レベルでとらえ、常にモニタリングすること、この2点を追求していくことが教育相談で求められる指導を実現するために大切なことだと考え、行動観察記録や問題が起こった時の記録の仕方等の工夫をしています。このような取り組みが予防的な教育、危機管理にもつながっていると実感しています。

教育相談については、子どもの話を聞くとか気持ちに寄り添うといった指導者の構えが甘やかしになるのではとの批判的な声が上がった時代もありました。その後、教育相談の意味や大切さが徐々に認知され、初任者研修の必修にもなっています。しかし、現場に浸透して生かされているとはまだまだいえない状況です。学習や指導は子どもと指導者のコミュニケーションがあってこそ成立することを再確認し、指導の基本として根づかせていきたいと思っています。

（森嶋　尚子）

学校現場からの つぶやき

【学習指導要領に示された「ガイダンス」と「カウンセリング」】　新学習指導
要領の特別活動には、「ガイダンス」「カウンセリング（教育相談を含む）」の2つの
内容があらたに盛り込まれました。これまで、中学校の特別活動にはガイダン
ス機能の充実について示されたことはありましたが、小学校でははじめてです。
「ガイダンス」と「カウンセリング」の趣旨をふまえた指導についてどのように
考えていったら良いのでしょうか。

1. 集団の場面で必要な指導や援助を行うガイダンス

　特別活動で行われるガイダンスは、学級活動 (1) の話合い活動（学級会）のオリ
エンテーションとしてとらえることができます。具体的には、年度や学期のは
じめに「学級会の進め方」として主に学級担任が指導する、発達の段階に応じ
た学級会の進め方です。議題箱などを活用して学級の諸問題を集める方法や集
めた問題を計画委員会が中心となって選定する方法、計画委員会が問題を議題
化する方法などを、子どもの発達の段階や学級活動の経験の差に応じて指導し
ます。また、学級の問題を解決するために合意形成を図る話合いの仕方や、話
合いで決まったことを友だちと協力して実践するための方法、実践を通した自
分や友だちの頑張りや学級集団の成長をふり返ることを教えます。

2. 一人ひとりが抱える課題に個別に対応した指導を行うカウンセリング

　一方、特別活動におけるカウンセリングは、学級活動「(2) 日常の生活や学習
への適応と自己の成長及び健康安全」と「(3) 一人一人のキャリア形成と自己実
現」の学習で、意思決定した行動目標の実現に向けて実践していく過程で行う
個別の指導としてとらえることができます。たとえば、学級活動 (2) や (3) では、
共通の生活課題や将来の課題を集団で考えます。自分にあった行動目標を意思
決定し、その目標の達成に向けて一定期間実践を続けますが、すべての子ども
が順調に実践を続けられるわけではありません。実践への意欲が長続きしない
子どもや、これから先どのように実践すればいいのかがわからなくなっている
子どももいます。そのような時に、教師が子ども一人ひとりの達成状況に応じ
て、努力を認めて賞賛したり励ましたり、この後の実践に関する相談を受けた
りする活動を行うことがカウンセリングであると考えます。

（脇田　哲郎）

CHAPTER 2
生徒指導・教育相談に必要な発達心理

■ 第1節 ‖ 自意識の発達

■ 1. 自己概念とは何か

「自分はどのような人間か」。みなさんはこの問いにどのように答えるでしょうか。またこのような問いに悩んだ経験がある方も少なくないと思います。この自己に対する考えや認識を心理学では「**自己概念**」と呼びます。自己は、主体的自己（知る主体としての自己：I）と客体的自己（知られる客体としての自己：me）の2つに大きく分けられます。自己概念は客体的自己にあたり、他者との関係のなかで対象化された自己になります。子どもの自己概念は幼児期から青年期にかけて顕著に発達していくため、その発達途上には各発達段階固有の特徴がみられます。とくに、児童期後半から青年期中期にかけては自己概念が揺れやすく悩みが多い時期でもあります。いうまでもなく、過度に否定的な自己概念は、さまざまな生徒指導・教育相談上の問題と関連します。そのため、生徒指導や教育相談において、教師が適切なアセスメントや効果的な働きかけを行うためには、各発達段階の子どもの自己概念が一般的にどのような傾向にあるのかを把握しておく必要があります。

このような自己概念の構造について、Shavelson et al. (1982) は多面的で階層構造をもつ自己概念モデルを提案しています（図2-1）。まず、一番上には包括的な自己概念があり、階層を一段下がると学業領域、社会領域、情緒の領域、身体領域の自己概念があります。また、階層を一段下がると、より具体性の高い科目レベルの自己概念や特定の他者（仲間、重要な他者など）との関係性に関する自己概念、情緒状態に関する自己概念、自身の身体能力、外見に関する自己概念などがあります。そして、さらに階層を一段下がると個々の状況における

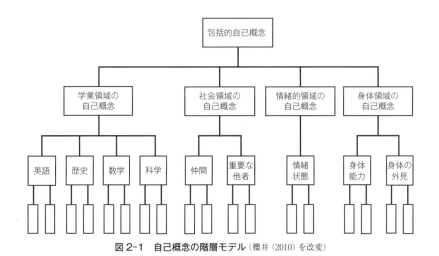

図 2-1　自己概念の階層モデル(櫻井 (2010) を改変)

行動への評価があります。自己概念は発達が進むにつれて多面的で、階層構造をもつようになるとされています。そのため、この自己概念の構造は、発達段階によって違いがみられると考えられています。つまり、自己概念には包括的な自己概念と、領域別の自己概念があり(若本, 2011)、幼児期の自己概念は未分化な状態ですが、発達とともに分化、統合されていき、図 2-1 のように多面的で階層構造をもった自己概念になっていくとされています(櫻井, 2010)。

　たとえば、幼児期は認知能力が未発達なため、未分化な自己概念のなかで有能感が高いですが、児童期には認知能力が発達し、運動には自信があるけれど、勉強には自信がないといった領域別の自己概念が形成され、それが包括的な自己概念に影響します。また、幼児期や児童期の子どもは、自己概念が未分化なため 1 つの出来事によって肯定的な自己概念と否定的な自己概念のあいだで揺れ動きますが、青年期になると自己概念の分化と統合が進み 1 つの出来事には左右されず、安定していきます。一方で、自己概念の発達は個人差が大きいことも注意が必要です。次項では、生徒指導・教育相談の対象である幼児期から青年期中期の自己概念の特徴をみていきましょう。

■ 2. 自己概念の成立 (幼児期)

幼児期は、乳児期に芽生えてきた自己概念が成立し始める時期とされています。つまり2歳頃から自己を客体化し、自分の意志や欲求を表現するようになります。たとえば、子どもに気づかれないよう子どもの鼻に口紅をつけて鏡で見せると、2歳以下の子どもが鏡のなかの自己像を指差すのに対し、2歳以上の子どもは自分の鼻を指すようになります。このように子どもは2歳頃までに、鏡映像が自分自身とわかるようになります。また、2歳頃になると自分の鏡映像に対し恥ずかしそうな「照れ」の表情を見せるようになります。2～3歳頃には自分の名前も言えるようになり、この時期には「ぼく」「わたし」など一人称も出現します。これらは自己と他者の区別ができるようになっていることを意味し、生物学的な性別の認識である「**性同一性**」も獲得されていきます。

また、このような自己概念の発達が、他者と区別した自分の欲求や意志の発現につながります。2歳から4歳頃にかけて、子どもは一時的に大人の指示に従うことを拒否するようになります。この時期は急速にさまざまな能力が発達し、子どもが有能感、好奇心、欲求をもつことにより「自我」が芽生えるため「**第一反抗期**」と呼ばれます。子どもは自己主張をするなかで養育者などの他者と衝突し、客体的自己や他者の視点を理解し、欲求不満に耐える力を身につけていきます。そのため、第一反抗期は自己を形成する上で重要な役割を果たすとされています (櫻井, 2010)。一方で、このように幼児期の自己概念は形成されていきますが、まだ、幼児は名前や身体的特徴といった身体面、外的属性によって自分のことを伝えようとします。また、客観的に自己の能力を評価できないため過度に肯定的な自己評価をする特徴もあります。しかし、このような自己概念がさまざまなことに挑戦し、新しい知識を学んでいく幼児期の積極的な姿勢を支えています。

■ 3. 自己概念の分化 (児童期)

幼児期から児童期にかけては認知能力の発達や他者とのかかわりの増加に伴い、自己概念も分化、多様化するようになります。また、自己概念の質的な変化もみられ、身体面、外的属性といった外面的な特徴から、人格特性、勤勉

性、対人関係のもち方といった内面的な特徴へと移行します。そのなかで、児童期前半は、幼児期の自己概念の特徴が引き続きみられることが指摘されています。つまり、5歳頃までは「やさしい」「いい子」などの肯定的な自己評価が多いですが、児童期中期の小学校2年生以降では「わがまま」「いばる」などの否定的な自己評価もできるようになります(佐久間・遠藤・無藤, 2000)。また、児童期前半のこの時期には、幼児期に獲得される性同一性に加え、心理・社会的な性別としてのジェンダーである「**性役割** (性の型づけ)」も獲得されており、男の子、女の子としての感覚が強くなっています。

さらに、児童期後半になると自己概念は組織化され統合されていきます。また、児童期中期から青年期にかけては認知能力の発達により、前述のように運動には自信があるけれど勉強には自信がないといった多元的な自己評価ができるようになります。同年代の友人やきょうだいとの社会的比較も可能になり、自己概念も肯定・否定の両側面を統合したものになっていきます。そのため、児童期の自己評価は小学校の低学年をピークに、高学年にむけて低下していくとされています。その後も、自己評価については児童期後半から青年期にかけて低下することが明らかになっています。このように児童期中期以降は、運動や学業など、自己概念の各領域において自己を他者と比較する社会的比較の意識が強くなり、友人やきょうだいとの比較により優越感や劣等感を感じ、自己概念に影響を及ぼすようになります。このような積み重ねによって、幼児期の万能的な自己概念から、否定的な自己概念も含み現実的・客観的な自己概念へと統合されていくようになります。

■ 4. 自己概念の統合へ (青年期前期～青年期中期)

青年期は、抽象的な思考能力の発達とともに、児童期に分化、統合され始めた自己概念が徐々に精緻化され、安定していく時期になります。一方で、青年期前期はその前段階として自己概念に大きな混乱が生じます (若本, 2011)。青年期前期から青年期中期は第二次性徴による性ホルモンのバランスの変化によって心身に急激な変化が訪れ、「**第二反抗期**」がみられるようになります。幼児期の第一反抗期が「自我の芽生え」を主張するものであるのに対し、第二

第1節 自意識の発達

反抗期は保護者から「心理的離乳」をし、自己の価値観を主張するものになります。そのため、干渉されることや子ども扱いされることを嫌う傾向があります。第二反抗期の様相には個人差がありますが、保護者だけでなく、教師など周囲の大人や権威に対して拒否的、反抗的態度を示すようになります。しかし、これにより自己の価値観の模索が行われるため、第二反抗期は社会性の発達にとって意味をもつとされています。

　また、この時期は主体的自己と客体的自己がより分化し、自己概念がより他者評価に影響されるようになります。さらに青年期は現実の自己（現実自己）と、こうありたいという自己（理想自己）も分化していき、その「ずれ」が広がる時期でもあります。青年期の自己概念の形成は、理想自己を目指し現実自己を変えていくことでもあるため、理想自己と現実自己の適度なずれは望ましいかもしれません。しかし、そのずれが大きすぎる場合は不適応状態につながる可能性があるため注意が必要です。このようにさまざまな変化が訪れ、自己概念を模索する時期である青年期は人間の発達にとって重要な意味をもちます。しかし、その分、不安やいらだちなど精神の動揺もみられる不安定な時期でもあります。青年期前期から中期はその重要さとともに自己概念に動揺がみられる時期でもあり、その段階を経て青年期後期の発達課題である「アイデンティティ」の獲得へと向かっていきます。

（中井　大介）

［引 用 文 献］

佐久間路子・遠藤利彦・無藤隆（2000）．幼児期・児童期における自己理解の発達――内容的側面と評価的側面に着目して　発達心理学研究，11, 176-187.

Shavelson, Richard J., and Bolus, Roger（1982）. Self-concept: The interplay of theory and methods. *Journal of Educational Psychology, 74,* 3-17.

若本純子（2011）．自己概念の発達――乳児期，幼児期，児童期，思春期　鹿児島純心女子大学大学院人間科学研究科紀要，*6,* 25-32.

［参 考 文 献］

梶田叡一・溝上慎一（編）（2012）．自己の心理学を学ぶ人のために　世界思想社

Nolen-Hoeksema, S., Fredrickson, B. L., Loftus, G. R., & Wagenaar, W. A.（2009）. *Atkinson*

& *Hilgard's Introduction to psychology* (15th ed.), Cengage Learning, Wadsworth.（内田一成（監訳）(2015)．ヒルガードの心理学（第15版） 金剛出版）

櫻井茂男 (2010)．たのしく学べる最新発達心理学——乳幼児から中学生までの心と体の育ち 図書文化

■■ 第2節 ‖ 考える力の発達

■ 1. 考える力とは

　当然のことながら子どもの思考は成人の思考と同じではありません。乳児期から青年期にかけ子どもの思考する力は顕著に発達していきます。一方、このことは発達途上にある子どもの思考には、発達段階ごとの特徴と限界が存在することを意味します。そのため、前項の自己概念の発達と同様に、教師が子どもに適切なアセスメントや働きかけを行うためには、各段階にある子どもの思考様式が一般的にどのような傾向にあるかを把握する必要があります。このような子どもの思考の発達についての代表的な理論にピアジェ（Piaget, J.）の「**認知発達段階理論**」があります。その後の研究によりピアジェが子どもたちの能力を過小評価していることや、社会的・文化的環境が考慮されていないこと、発達の時期と年齢の対応はそれほど明確ではないことが指摘され、ピアジェに代わる理論も検討されていますが、子どもの思考の発達をとらえる上でこの理論は依然として基礎となっています。

　この発達段階理論では、発達を主体的な個人と環境の相互作用としてとらえ、思考の発達はしだいに新しい認知の構造ができていく過程と考えます。つ

感覚運動的段階	表象的思考段階			
	前操作思考段階		操作的思考段階	
	前概念的思考段階	直観的思考段階	具体的操作段階	形式的操作段階
出生	1歳6ヵ月〜2歳	4歳	7歳〜8歳	11歳〜12歳

図 2-2　ピアジェの発達段階説（櫻井 (2010) より作成）

まり、この理論では子どもを、外的刺激を見たり、触ったりすることによって何が生じるのかを積極的に実験する「有能な科学者」と考えています。この理論の第一の特徴は、認知能力を「スキーマ」「同化」「調節」という3つの視点からとらえた点です。スキーマとは、環境との相互作用のなかで人間が使うすでにもっている知識の枠組みや活動の枠組みです。同化とは、新しい情報をこれまでに獲得しているスキーマに合うように処理していくことです。調節とは、新しい情報によってこれまでに獲得しているスキーマを変化させることです。人間は環境からの情報と既存のスキーマに矛盾があると混乱や葛藤が生じ(認知的葛藤)、調和・バランスを取ろうとします(均衡化)。このように、ピアジェは思考の発達を「既存のスキーマが調節され、新しいスキーマへと変化していくこと」と考えました。

たとえば、子どもが「鳥とは、くちばしがあって、羽があって、空を飛ぶもの」という既存のスキーマを獲得していたとします。すると、子どもは公園などであらたに「つばめ」や「白鳥」を見た時「鳥」であると認識します(同化)。一方、子どもが動物園などであらたに「ペンギン」や「ニワトリ」を見た時「空を飛ばない鳥もいるのだ」と認識します(調節)。ピアジェは、人間の思考の発達はこのような「同化」と「調節」によって、より高い水準のスキーマを獲得する過程だと考えました。

また、この理論の第二の特徴として、ピアジェはこの思考の発達を大きく4つの段階に分けています(eg., Inhelder & Piaget, 1958)。この思考の発達は一定期間なだらかに進んでいきますが、ある発達段階に達すると大きな思考様式の変化が生じ、それらは大きく**感覚運動段階**(0～2歳)、**前操作段階**(2～7歳)、**具体的操作段階**(7～11歳)、**形式的操作段階**(11歳以降)の4段階に分けられます。この流れのなかで、子どもの思考は、具体的な思考から抽象的な思考へ、一元的な思考から多元的な思考へと発達していきます。次項では、生徒指導・教育相談の対象である幼児期以降の思考様式の特徴をみてみましょう。

■ 2. 幼児期（2歳～7歳）の考える力

幼児期である2歳頃になると、感覚運動段階に獲得される表象(実物から離れ

頭のなかで想像すること）により、子どもは心的なイメージや言語を使用して思考できるようになります。ピアジェはこの時期を「前操作段階」と呼びました。この前操作段階はさらに「前概念的思考段階」と「直観的思考段階」に分けられます。前概念的思考段階は2～4歳頃であり、言語の出現が子どもの思考に顕著な発達をもたらします。また、それに伴い、心のなかのイメージを別のもので表す象徴機能（例：積み木を車に見立てるなど）も働き、イメージを使用して思考できるようになります。この時期に見られる「ごっこ遊び（例：お店屋さんごっこ）」や「お絵かき」などは象徴機能の使用によるものであり、前概念的思考段階に入ったことを意味します。

　一方、直観的思考段階は4～7歳頃であり、この時期になると概念的思考の芽生えがみられます。数や量も「多い－少ない」の思考をすることが可能になりますが、まだこの段階では見た目に左右される限界もあります。たとえば、ピアジェの「**保存課題**」にみられるように、同じ形の2つのコップに入れた同量の水の一方を、高さのある細長いコップに入れると、細長いコップの方の量が多いと判断したりします。このように前操作段階の思考は、「**中心化**（自己中心性のある象徴化パターン）」に特徴づけられ、まだ論理的な思考が不完全な段階でもあります。**アニミズム**（人形など物にもすべて生命や心があると考える）、**実念論**（サンタクロースなど考えたものはすべて実在すると考える）などが見られ、このような特徴は小学校低学年くらいまでみられます。

■ 3. 児童期 (7歳～11歳) の考える力

　児童期である7歳頃になると、子どもの思考様式は飛躍的な変化を示し、具体的なものに関しては理論的な思考ができるようになります。ピアジェはこの時期を「具体的操作段階」と呼んでいます。この時期にはさまざまな概念が形成され、具体的な物事について見た目にとらわれず思考することが可能になります。つまり、この段階は可逆的思考である「保存概念の獲得」など、具体的な対象についてある程度論理的な思考が可能になります。これにより前操作段階では成功しなかった保存課題も適切に処理できるようになります。保存課題を理解するためには、①同一性（液体が取り去られても付け加えられてもいないので前

第2節　考える力の発達　43

と同じであること）、②相補性（見かけ上は細長い方が高くなっているが、それは底面積が小さくなったためで全体の量は変化しないこと）、③可塑性（元の容器に戻せば同じ量になること）の概念が必要であり、これらの概念が獲得されるのが具体的操作段階だとされています。

この他にも、ピアジェの「**三つ山課題**」にみられるように、他者の視点を理解する視点取得能力も発達します。この課題では、自分の位置とは異なる場所から3つの山の位置を正しく答えられるか否かで、中心化の思考から「脱中心化」が行われているかがわかります。一方で、具体的操作段階の子どもの思考は見たり、触ったり、動かしたりできる具体的なものに限られます。これはこの時期の子どもの思考が自分の目で見ながら実際に操作できるものに限られているためであり、抽象的な思考は未発達です。

■ 4. 青年期（11歳以上）の考える力

青年期前期である11歳頃になると、具体的なものだけでなく抽象的な思考も可能になります。つまり、具体的な現実に縛られずに、一般的・抽象的な仮説など頭の中で組み立てた可能性を考えることができるようになります。ピアジェは、この段階を「形式的操作段階」と呼んでいます。前段階の「具体的操作段階」の思考が具体的なものや現実的な事柄について行われるのに対し、形式的操作期は、抽象的なものや非現実な可能性についても論理的に正しい思考や推論を行うことができます。たとえば、「もし～ならば～である」などの仮説を立て、その仮説に基づいて推論する「仮説演繹的思考」が可能になり、命題間の理論的な関係についての理解も可能となります。

さらに、小学校中学年以降に現れる自分自身の思考について思考する「メタ認知」（例：自分が理解できていないところがどこかを考える）も多くみられるようになり、自分自身を内省する力が高まります。そのため、生徒指導や教育相談の場面でも、教師が生徒の内省を促し、自分の考え方や行動をモニタリング、コントロールさせる働きかけも有効になります。この高度な抽象的思考能力の発達によって、青年期後期の発達課題でもある、「自分とは何者か」という自己概念やアイデンティティを思考することが可能になります。

（中井　大介）

［引 用 文 献］

Inhelder, B., & Piaget, J.（1958）. *The growth of logical thinking from childhood to adolescence.* New York : Basic Books.

Piaget, J., and Inhelder, B.（1958）. *The Child's Conception of Space.* New York : Humanities Press.

櫻井茂男（2010）. たのしく学べる最新発達心理学——乳幼児から中学生までの心と体の育ち—— 図書文化

［参 考 文 献］

中澤潤（監修）中道圭人・榎本淳子（編）（2011）. 幼児・児童の発達心理学　ナカニシヤ出版

Nolen-Hoeksema, S., Fredrickson, B. L., Loftus, G. R., & Wagenaar, W. A.（2009）. *Atkinson & Hilgard's Introduction to psychology*（15th ed.）, Cengage Learning, Wadsworth.（内田一成（監訳）（2015）. ヒルガードの心理学（第 15 版）　金剛出版）

尾形和男（編）（2013）. 発達と学習の心理学　田研出版

■ 第 3 節 ┃ 身体運動の発達

　身体運動と聞くと、スポーツをはじめとした余暇を楽しむ運動や運動競技を思い浮かべるかもしれません。しかし実際には身体運動とは日常生活上のあらゆる身体の動きのことを指しています。歩く、走るといった全身運動、さらに文字を書く、話す、食べるといった限定された行為も身体運動といえます。それらがうまく統合されて、私たちは毎日生活をすることが可能になっているのです。

　ところで身体運動は、身体の動きとのみ関わっていることがらではありません。子どもにとっては身体全体で遊ぶことによって、バランス感覚や身体の動かし方、遊びを通した仲間との交流の仕方を習得していきます。また大人にとっては運動をすることによって、高血圧、虚血性心不全、糖尿病といった生活習慣病の罹患率や死亡率の低下、さらにメンタルヘルスの向上、ストレスの軽減に効果的であることが示されています。つまり身体運動は、生活の基礎で

あり、土台でもあるといえるのです。しかし近年、子どもも大人も運動をする空間や時間が減り、さらに日常生活では、移動手段の便利さとともに近距離でも歩くことが少なくなりました。意図的な運動にしても、日常生活での動作にしても、明らかに身体を動かす機会は減っています。身体運動の重要性について認識を深め、生涯を通じた健やかな身体と心のあり方について見直さなければいけない時代といえるでしょう。

■ 1. 身体の成長

　身体運動を支える身体の成長についてみていきましょう。妊娠40週を経て生まれてきた新生児は、身長約50cm、体重は3kg程度ですが、1歳では身長約75cm、体重約9kgとなります。生まれてからの1年間の発育量は身長25cm、体重6kgにもなり、人の一生のなかでこんなにも大きく成長する時期はほかにありません。ちなみに乳児期の次に1年間の発育量が大きくなるのはおおよそ思春期のはじめあたりになります。現代（平成10年生まれ）の子どもでその状況をみてみると、身長では男子で11歳時に7.3cm、女子で9歳時に6.7cm、体重では男子で11歳時に5.4kg、女子で10歳時に4.9kgが成長の第2のピークになります（厚生労働省, 2011）。実は身長体重だけではなく、乳児期は脳の発達も著しいことが知られています。新生児の脳の重さは約400gで、生後1年では800gへと急成長します。その後4歳〜5歳で成人の脳（男性約1400g, 女性約1250g）の80%まで成長することがわかっています。

■ 2. 発達初期の身体運動

　人は胎児期からよく動いています。妊娠10週目くらいからビクッと驚いたように見える驚愕様運動やしゃっくりをする姿がみられ、妊娠20週目くらいになると、あくび、指しゃぶり、瞬き、泣き顔のようないろいろな行動パターンを示すようになることが確認されています。こういった動作は「**自発運動**」（意思を介さない動き）といい、生まれたばかりの新生児にもよくみられます。たとえば仰向けの状態で寝かせておくと、頭を回転させたり、手足を曲げ伸ばしたりし、身体部位のあちこちをさかんに動かします。そして生後4、5ヵ月く

らいになると、「こうしたい」という乳児の意思に基づいた「**随意運動**」がみられてきます。その頃に寝返りができるようになり、さらにうつぶせの状態から自分で腰をもち上げる、ひとり座り、ハイハイ、つかまり立ちを経ておおよそ1歳になります。歩行はその後1歳2〜4ヵ月程度で可能になります。

この一連の身体運動の発達は、乳児を移動可能にするだけでなく、起き上がり、立ち上がることで乳児の視界を格段に広げることにもつながります。また周囲の人たちとの目線も近くなり、同じ視空間を共有できるようになります。運動発達が他者との情報や情動の共有を促進しているといえるでしょう（渡辺, 2016）。ところで上記のような動くための随意運動は「**移動運動**」といいますが、これ以外にも手で物をつかんだり、転がしたりする「**操作運動**」といわれるものがあります。興味のあるものに手を伸ばして触れようとする動作は生後3ヵ月頃からみられます。この動きには、物のある位置を目で見て、目からの情報を手がかりにして正確に腕を動かすという目と手の協応が必要になるのと同時に、肩と肘をうまくコントロールして、腕を動かす必要があります。このように「自発運動」から「随意運動」へと発達しながら、乳児は自分の身体をうまく使うことを習得し、かつ環境に働きかけ、周囲の人やもの、自分の存在に気がついていきます。

■ 3. 基本的動作の獲得と運動能力

幼児期は運動発達が急速に進む時期です。幼児は遊びや日々の生活のなかで多様な動きを獲得し、日常生活での動作、体力、運動能力のもととなる**基本的動作**を身につけていきます。それは児童期、青年期の運動や競技スポーツを楽しむ基礎にも、さらに生涯にわたる健康的な生活の基礎にもなります。宮丸（2009）は幼児期の基本的動作の獲得について、特別にうまくなくても年齢相応に動けることが重要であるとし、「動きの不器用」は、「仲間との遊びへの参加を制限する」、そのことは「仲間との遊びの中で学ぶことを欠如させる」、それは「情意や認知の発達に影響する」と、基本的動作と精神発達との連鎖的な関連について言及しています。

幼児期の基本的動作の発達は、さまざまな動作を獲得していく「多様化」と、

第3節　身体運動の発達　47

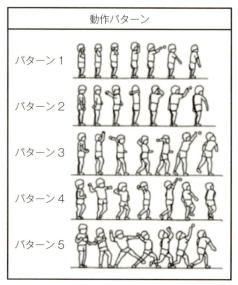

図2-3 投球動作の発達をとらえるための5つのパターン（中村他（2011）を参考に修正）

それぞれの動作が習熟していく「洗練化」という2つの方向性があります。図2-3は、子どもがボールを投げる動作（投球動作）を未熟な動作パターンから、成人動作様式に近いパターンまで5つに分類したものです（中村、2011）。基本的動作の洗練化とは、パターン1から5までの発達が示すように、身体の動かし方がうまくなり、質的に改善されていくことを指し、多様化とは、投球動作のみならず、走る、跳ぶ、ぶら下がるなどさまざまな基本的動作を獲得することを指しています。図2-3をみると、パターン1では全身を使えずにぎこちなかった投球動作が、徐々に上半身を動かし、足のステップを利用するようになり、最終的には全身を使った滑らかな動作に変化していくことがわかります。

図2-3のパターン1〜5にそれぞれ1〜5点の点数をつけ、幼稚園児の投球動作パターンの獲得程度を点数化した結果を図2-4に示します。2007年の結果をみると年長児で男子はパターン2〜3程度、女子はパターン1〜2程度の動作ができるようになっています。しかし1985年の結果をみると、年長児で男子はパターン4に近く、女子は

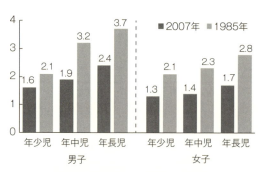

図2-4 性別にみた1985年と2007年の投球動作の動作得点の平均値（中村他（2011）から作成）

パターン 3 に近い動作ができています。つまりこの 20 年程度のあいだに、子どもの基本的動作の獲得は低下していることがわかります。

さらに基本的動作の獲得の低下は運動能力にも影響を与えたようです。1986年から 2000 年までの 4 歳から 6 歳の子どもの 25m 走、ソフトボール投げ、立ち幅跳びなどの運動能力を比較すると、いずれも低下していることが示されています (Sugihara, kondo, Mori, & Yoshida, 2006)。

実は運動発達の低下は、幼児にだけみられるわけではありません。1985 年から 2000 年までのあいだに小学生、中学生においても握力、50m 走、跳躍、投球能力は低下し、2000 年以降は下げ止まったまま改善されていません (文部科学省, 2012)。これを受けて現在、学校など教育機関では体力向上のための取り組みを積極的に行っています。

■ 4. 児童期・青年期の運動発達

児童期の早い段階で、先に示した基本的動作はほぼ大人と同じレベルまで到達します。この時期までに大脳の神経細胞のシナプスが過剰に形成され、不要なシナプスが消滅するという刈り込みがさかんになります。これらによって神経回路は柔軟に変えられ、運動に最適な神経回路が形成されるという脳の可塑性が非常に大きくなります。そのため乳幼児期から児童期にさまざまな運動を幅広く豊富に経験した子どもは、運動をコントロールする大脳回路がよく発達し、運動神経がよくなると考えられています。一方で筋力は中学、高校生の時期になって急激に発達し、とくに速筋繊維の発達に伴って素速い動きや瞬発力を必要とする運動能力は著しく向上します。また持久力を支える最大酸素摂取量は中学生の時期によく発達し、その後、継続的な運動・トレーニングによって高校生の時期以降にも発達が続くことがわかっています (石井, 2009)。つまり、運動能力を支えている筋力、瞬発力、持久力は青年期以降に急速に発達します。したがって、青年期は運動トレーニングの効果が最大となり、専門化したスポーツの成績向上を目指すのに一番良い時期と考えられています。逆を言えば、幼児期、児童期は特化された運動トレーニングを積み重ねるよりは、遊びや身体を鍛える運動をしながら身体の動かし方を習得することが重要な時期

といえるでしょう。適切な時期に必要な身体運動を行い、それらを継続していくことで私たちの健康は保たれているのです。

（榎本　淳子）

［引 用 文 献］

厚生労働省 (2011)．平成 22 年乳幼児身体発育調査報告書
　　http://www.mhlw.go.jp/stf/houdou/2r9852000001t3so-att/2r9852000001t7dg.pdf（2017
　　年 8 月 15 日）
厚生労働省 (2017)．平成 28 年度学校保健統計（学校保健統計調査報告書）
　　http://www.mext.go.jp/component/b_menu/other/_icsFiles/afieldfile/2017/03/27/
　　1380548_03.pdf（2017 年 8 月 15 日）
宮丸凱史 (2009)．たかが子どもの動き、されど子どもの動き　幼児の教育，*108*, 8-13.
中村和彦・武長理栄・川路昌寛・川添公仁・篠原俊明・山本敏之・山縣然太朗・宮丸凱史
　　(2011)．観察的評価法による幼児の基本的動作様式の発達　発育発達研究，*51*, 1-18.
Sugihara,T., kondo, M., Mori, S., & Yoshida, I. (2006). Chronological Change in Preschool
　　Children's Motor Ability Development in Japan from the 1960s to 2000s. *International
　　Journal of Sport and Health Science, 4*, 49-56.
渡辺はま (2016)．自己の芽吹きを支える身体運動　発達：運動発達をめぐる最前線，*148*,
　　47-52.

［参 考 文 献］

杉原隆・河邉貴子 (2014)．幼児期における運動発達と運動遊びの指導　ミネルヴァ書房
東京大学身体運動科学研究室 (2009)．教養としての身体運動・健康科学　東京大学出版会

■■ 第4節 ‖ 対人関係の発達

■ 1. 親子関係：愛着の形成

　人間の子どもは、周囲の手助けがなければ生きることができない状態で生まれてきます。そのため受け身で未熟な存在といわれてきましたが、現在では乳児は能動的で有能な存在であることがわかっています。たとえば生後間もない時期から人の顔に興味を示し、他者が舌を出したり、手を動かすのを見ると、それと同じように舌を出したり、動作をしてみせたりします。乳児は自分のもつ能力を最大限に使いながら人と関わろうとしているのです。

乳児が示す人への関心や、しがみつく、泣くといった行動は、「守ってあげたい」という気持ちを養育者から引き出し、乳児は守られることによって安心感、安全感を得て、養育者と情緒的な絆をつくっていきます。ボウルビィ (Bowlby) はこの情緒的な絆を「**愛着**」と呼びました。養育者とのあいだに安定した愛着が形成できると、乳幼児は養育者を安全基地として、つまり親が見ているだけで安心感を得て、積極的に行動範囲を広げて周囲に興味関心を向けていくようになります。またボウルビィによると、養育者との愛着は他者一般に対して私たちが心のなかで抱く「安心感」や「困った時に助けてもらえるという確信」に通じるとし（こうした確信が内化することを**内的作業モデル** (Internal Working Model) の形成といいます）、他者との安定した社会生活の基盤になっているとしています。

　また一方で、乳児には生まれもった気質 (個性) があります。その気質によっても、養育者から引き出される行動は変わってきます。気難しい乳児に対して、養育者はどのように接すればいいのかわからずに情緒的な絆がつくりにくいこともあるでしょう。子どもと養育者との関係は両者の相互作用から決まっていきます。

■ 2. 仲間関係の始まり

　乳児の人への関心は他児へも向けられています。たとえば生後2、3ヵ月頃から他児に対して、直視する、発声する、微笑むなどの行動が見られ、4、5ヵ月頃から他児の声かけに反応することなどが示されています。

　仲間と遊ぶようになるのは幼稚園に入園する頃からです。入園当初は仲間と同じようなことをしているだけで、相互作用はあまり見られません。3歳の終わり頃になると相手の活動に関連した行動をとりながら仲間入りをし、一緒に遊ぶようになります。物の取りあいなどの自己主張の場面では、幼稚園の年少児では欲求のままにふるまいますが、年長児になると自分の欲求を押し通すよりも他者との協調を考え、相手と自分との関係性に応じて自己主張を控えたり、表現を変えたりと状況に合わせて自己を調整することが可能になっていきます。

第4節　対人関係の発達　51

■ 3. 児童期の仲間関係

　児童期に入ると学校での勉強が始まり、大人の提示する社会的規範に則って、集団生活は明確なルールに基づいたものになっていきます。大きな反論や反抗をすることなくそれらの規範を受け入れていく点で、児童期は発達的に比較的安定した時期と考えられています。

(1) 発達的変化

　児童期の仲間関係の発達的変化を概観してみましょう。小学1年～6年生に「友だち」というテーマで作文を書いてもらった結果をみると、1年生では「友だち」とは一緒に遊んで楽しいと思える存在で、2年生以降は助けあう、支えあう存在へ、高学年では相手の内面に目が向き、心理的に支えあう存在、わかりあえる存在へと変化していくことが示されています (松永, 2017)。また、仲間の選択については、小学校入学当初は家が近い、座席が近いといった近接性が主で、その後徐々におもしろい、優しい、気があうという性格や類似性で選択するようになります。これらの流れから、児童期の仲間関係はまず物理的な条件や表面的なやり取りが中心で、その後相手の内面に目を向けた互恵的な関係に変化していくと考えられます。

(2) 児童期の友人関係の特徴

　児童期中期になると**ギャンググループ**と呼ばれる同性の仲間集団が形成されるといわれています。この仲間集団では同じ遊びをするといった同一行動による一体感 (凝集性) が重んじられ、同一ではないものを排除する排他性が高いことが特徴です。子どもにとっては、仲間に受け入れられ、認められることが重要になります。大人が作り上げたルールとは異なる仲間同士のルールを守り、みずからの役割を遂行する経験、仲間から排除される経験など、集団内での社会的規範、および問題解決といった社会的スキルを学んでいきます。

　しかし近年、ギャンググループは衰退したといわれています。遊び場の減少や塾や習い事による放課後の自由時間の縮小、さらにせっかく自由時間ができてもおのおのがゲームをしたりと、仲間同士で活発に外で遊ぶことが少なくなりました。外で思い切り遊ぶ経験は子どもの社会性の発達にとって本来は非常に大事なことです。

さらに児童期が進み、児童期後期、つまり思春期に入る頃になると情緒的な少人数の友人、つまり**親友**を作るようになります。親友についてはサリヴァン (Sullivan) における前青年期の「チャム (chum)」の存在が知られていますが、その親密性は「相手の幸福が自らの幸福と同じくらい大事であると感じる状態」とされています。この親密的な関係のなかで子どもは、親友の自分に対する反応や態度を見て、自分の性格や行動を見つめることが可能になります。自分を客観的にとらえることで、あらたな自分を作り出す時期といえます。少数の親密的な友人をもつことによって、自分の存在について考えるきっかけとなり、子どもの認知力は発達していきます。

■ 4. 青年期の友人関係

　青年期において、青年はそれまでの安定した依存関係で成り立っていた親に対して甘えを伴いながらも反抗し、自立への一歩を踏み出します。親への依存と自立のあいだで揺れながら、あらたに依存可能な相手として、また悩みや考えをともに語りあえる相手として同世代の友人の存在が重要となっていきます。

(1) 青年期の友人関係の発達的変化

　青年は実際にどのような友人関係を築いているのでしょうか。中学生から大学生の交友活動の発達的変化を検討した調査結果によると、中学生では女子は好きなテレビ番組の話をする、トイレに一緒に行くといった趣味や行動の類似性を重視した親密的な関係、男子は友人と一緒に遊ぶ、一緒にいるといった類似の活動を重視した関係であることが示されています。その後女子は高校生になると長電話をする、カラオケに行くなど閉鎖的な関係が主となり、大学生では男女とも価値観や将来のことを話すといった互いの相違点を認めあい、相互に理解しあう関係を築くようになります (榎本, 2003)。つまり青年期の友人関係は同質的な関係から異質性を受け入れた関係へと変化していきます。同じであることによって受容し受容され、その安心感を土台として自分自身に深く目を向け、社会のなかでの自己を確立していきます。自己の確立が進むと、友人と同質である必要がなくなり、互いの違いを認めた個別的な友人関係を築くよ

第4節　対人関係の発達　　53

うになるのでしょう。

(2) 青年期の友人関係の難しさ

　中学時代の同質的な友人関係は、凝集性が高く、親密度が高い関係であるため、違うものを排除し、また誰かを排除することで残りの友人同士の凝集性を維持しようとする傾向があります。こういった状態が行き過ぎると「いじめ」につながりかねません。本来は児童期における男子のギャンググループ、女子の親友関係が発達した形として、中学時代の同質的な関係が形成されるのでしょうが、現在ではギャンググループは衰退し、親友関係はグループに所属することに注力して親密な関係が築けていないといわれています。これでは中学時代に互いに支えあうための同質的な友人関係を築くことは難しいかもしれません。また、友人関係を構築し維持するためのチャンネル（手段）が、インターネット、携帯電話を含めて増えたことから、青年は状況によって友人を使い分け、つきあう相手を自由に切り替える「状況志向」が高まっているという指摘（浅野，2006）があります。さらにつながりの安定化を図ろうと自分と似通った価値観の人とだけつきあおうとする傾向があるといった指摘（土井，2016）もあります。友人関係は、異質性を受け入れる以前に、価値観がぶつかる場面自体がなくなっているかもしれません。子どもが自立へと向かうために、友人と互いの価値観をぶつけあいながらも理解していくことは必要なことです。しかし、現代ではソーシャルメディアの影響もあって互いの価値観をぶつけあうには難しい状況があるようです。

■ 5. 異性との関係

　第二次性徴が発現する時期から、青年にとって異性との関係は大きな関心のひとつになります。「デートをしたことがあるか否か」との問いに「ある」と回答した大学生は男子77.1％、女子77.0％ でした（日本性教育協会，2013）。大学生では約8割が異性とのデート経験があることがわかります。恋愛している大学生は、生活のなかで気持ちが安らぎ、興味や関心の幅が広がって積極的になるといったポジティブな面がある一方で、自分の時間や恋人以外の人と過ごす時間が制限されたり、没頭しすぎて他に何も手につかないなどネガティブな側

面もあります。

通常、異性との関係は、同性との友人関係を十分に経験した上で初めて健全に成立すると考えられています。友だちと親密な関係がもてずに異性と親密的な関係がもてるとは考えられません。またそもそも価値観や生活パターンが異なる異性を受け入れてつきあっていくには、それまでの友人関係においても互いに異なる面を受け入れ、尊重する経験がないとスムーズには運ばないでしょう。恋人とのバランス良いつきあい方を見つけるには、それまでの対人関係でさまざまな経験を重ねていることが重要になります。

（榎本　淳子）

［引 用 文 献］

浅野智彦（2006）．若者の現在　浅野智彦（編）検証・若者の変貌——失われた10年の後に——　勁草書房

土井隆義（2016）．ネット・メディアと仲間関係　佐藤学・秋田喜代美・志水宏吉・小玉重夫・北村友人（編）教育　変革への展望3　変容する子どもの関係（pp.101-128）　岩波書店

榎本淳子（2003）．青年期の友人関係の変化——友人関係における活動・感情・欲求と適応——　風間書房

松永あけみ（2017）．児童期における「友だち」という存在の認識の発達的変化：小学校1年生から6年生までの6年間の作文の分析を通して　明治学院大学心理学紀要，*27*，49-60.

日本性教育協会（2013）．「若者の性」白書——第7回　青少年の性行動全国調査報告——　小学館

［参 考 文 献］

保坂亨（2010）．いま、思春期を問い直す——グレーゾーンにたつ子どもたち——　東京大学出版会

柏木恵子（2008）．子どもが育つ条件——家族心理学から考える——　岩波新書

■■ 第5節 ｜ 感情の発達

■ 1. 感情知性の重要性

感情知能（Emotional Intelligence Quotient: EQ）とか**感情知性**（Emotional Intelligence:

EI) という観点から、心の育成をとらえる視点が世界的に注目されてきています。この概念は、1990年代のイェール大学の Salovey や Mayer らの研究が発端となり、その後、この研究に着目した Goleman が書籍などで紹介して広く着目されるようになりました。EQ の考え方では、人の態度などを含めたあらゆる言動は、その時々の感情の状態に大きく左右されていると考えます。すなわち、感情の働きの重要性が強く謳われているのです。したがって、この感情を意識してうまく活用することができるのは一つの能力であるととらえられています。

　感情が近年注目される以前は、学力との関連性の強さから知能 (IQ) の発達が重視されており、感情はどちらかといえば思考と相対立する存在として認識されてきました。しかし、実際のところ、感情は日々の生活のすべてにわたって大きな影響を及ぼしています。感情的になりすぎると記憶が妨げられますし、冷静に判断することもできません。人間関係もこわすことになり自身の健康さえ害することになるのです。こうして感情は理性を阻害するといった考えから、むしろ感情がこうした思考や行動に肯定的な影響を及ぼすことが指摘されるようになったのです。この感情知能は、「自己の感情の識別」「他者の感情の知覚」「感情の調整」「感情の利用」等に分類して考えられています。

■ 2. 乳幼児期から児童期への発達

それでは感情はどのように発達しているのでしょうか。

(1) 乳幼児期の発達

　いくつかの研究の蓄積から以下のような発達が考えられます。0歳では「いや」というネガティブな感情が表れ始めます。1歳になると「いや」「こわい」というネガティブな言葉のほかに、「おもしろい」「いい」といったポジティブな言葉、そして「ごめん」といったポジティブともネガティブともいえない言葉がみられるようになります。2歳以上になると、ボキャブラリーが増え始め、3歳では、怒り(「だめ」)、嫌悪(「いや」「きたない」)、恐れ(「こわい」)、困惑(「どうしよう」)などのネガティブな感情が分化するほか、好み(「かわいい」など)や喜び(「おもしろい」)に関わるポジティブな言葉がみられるようになります。また、

同情、驚き、忍耐などの感情も表現するようになります。4歳では仲間遊びにおいてとくにネガティブな感情を含むやりとりがみられるようになり、5歳ではさらにネガティブな感情のボキャブラリーが多くなります。こうしたネガティブな感情の増加は、生活における他人との葛藤を中心とした情緒的なかかわりを通じてではないかと考えられます。

(2) 児童の感情

　それでは、児童期の感情表現はどうでしょう。仲 (2010) は、3歳から6歳の幼児と小学校1年、2年、4年、6年を対象とし、子どもが気持ちを表すのにどのような表現をとるのかについて調べています。その結果、ポジティブな表現よりも、ネガティブな表現の方がいろいろな言葉で表出されることがわかりました。また、悲しい、怒った、などネガティブ表現については学年が上がるにつれて、表現の種類がさらに多くなっていくようです。そして、男子より女子の方に表現の数が多くみられることが明らかになりました。さらに、日常生活の典型的な場面を設定して、投影的に感情を表現させる方法が用いられ (渡辺・藤野, 2016)、小学校1年生は感情のボキャブラリーが少ないものの、2年生で増加し、それ以降の学年では同じ程度の数の感情語が使われていることがわかりました。この研究でも、女子の方が男子よりも表現数が多いことや、ネガティブな表現の方がポジティブなボキャブラリーよりも数多くみられたことは先行研究と一致していました。

　切り口をかえて、久保 (1999) は、8歳、10歳、12歳を対象とし、どの年齢で、ポジティブな感情とネガティブな感情が"入り混じっている"ということを理解できるのかについて研究を行っています。つまり、楽しいけど不安といった、ポジティブな感情とネガティブな感情が入り混じるような場面を読んで聞かせ、その場面で登場人物が感じる感情を、インタビューで答えるという方法が用いられています。その結果、おおむね、10歳以降になると、ポジティブな感情とネガティブな感情の両方を言語化できるようになり、なぜその両方の感情を感じるのかを説明できるようになります。ただし、その場合であっても、調査者が補足質問をすることでようやく回答できた子どもが多かったようです。

■ 3. 感情の認識と調節

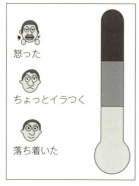

図2-5 感情の温度計

感情の表現とは別に、感情についてどのように認識しているか、感情をどのように調節しているかについても、いくつか調べられています。自己の感情を認識するためには、感情それぞれにラベルをつけ、その感情を象徴化することが必要です。つまり、ある種の感覚や状態に気づき、それを「これが、不安という感じだ」といった気持ちのラベルをはることで、「こないだの気持ちと同じだ」と把握できるといったプロセスです。これによって、とらえどころのない抽象的なものを、一つの目に見えるようなイメージに落とし込むことができると考えられます。さらに、自分の感情を言葉で表現できるだけではなく、その強さや質も、より分化して認識できるようになると、感情の理解が深くなります。

たとえば、感情をコントロールするプログラムのなかに、「感情の温度計」というワーク（演習）があります（図2-5参照）。自分の感情を数値化し、適切に感情の強さを理解させる試みとして利用されています。このように、感情を言語化すること、そしてその強さを的確に同定することは感情調節の基礎となります。さらに、「なぜその感情を感じたのか」という感情の原因を理解することができれば、感情を適切にマネジメントできるようになるでしょう。

■ 4. 感情リテラシーを発達させるために

怒りの収まらない子どもや、いつまでたっても落ち込んだままで元気になれない子どもなど、感情のリテラシーが未熟な子どもが増えていることが指摘されています。こうしたリテラシーの不足は、いじめや不登校の問題とも関連しているのではないかと考えられます。問題を呈する子どもたちには、**レジリエンス**（困難な状況でも粘り強く適応する力）や感情コントロールのスキルを**ソーシャル・スキル・トレーニング**によって教えたり、**マインドフルネス**（今ここでの経験に判断を加えずに意識を向ける過程）などを活用して感情を穏やかにするなど、い

表 2-1 感情リテラシーの発達のアウトライン （この4つの柱のそれぞれに、理解と表現を考える。年齢は、7歳を前後に2段階として考える。）

年齢	感情の複雑さ	自分の気持ちに気づく（自己覚知）	他人の気持ちに気づく（他者覚知）	気持ちを調整すること（マネジメント）	関係づくり
幼児から小学校低学年	うれしい、悲しい 怒り、恐れ 愛される 楽しい 寂しい 飽きた、心配な 恥ずかしい 罪悪感	1. 感情を感じる 2. 自分の気持ちを知る 3. 感情の幅を理解し、経験 4. 感情の引き金を知る 5. すべての感情には意味があることを理解する 6. 感情の手がかりを知る	1. 他者の基本的な感情を知る 2. 感情が引き起こされる手がかりや感情を知る 3. 感情が引き起こされることや感情たす役割を知ることができる	1. 調整することの難しさを体験する 2. 感情と行動の違いを知る 3. さまざまな感情への反応や感情を調節することができる 4. 感情表現の確かさと不確かさの違いを知る	1. 大人のまねをする 2. 代わりばんこ（順番／交代）など簡単なスキルを知る 3. 感情をシェアする能力をのばす 4. 友達と一緒に遊べる 5. 友情の理解が深まる
小学校低学年から中学年	欲求不満、落ち着いた 恥じらい、嫉妬 うらやましい あこがれる、プライド	7. 感情と関係のある構造や状況を意識する 8. 非言語表現に気づく 9. 感情に伴う生理的な変化を知る 10. 感情は時間や状況によって変化することを知る	4. 他者の感情に関係のある機会や状況を意識する 5. 他者の感情に影響する自分の気分や行動を知ることに気づく（その反対もある） 6. 共感性の意識、それを示す能力	5. さまざまな感情の違いを知る 6. リラックスしたり視覚的なテクニックを使ってさまざまな感情をマネジメントする 7. 状況をポジティブにとらえる	6. 集団でうまくやるのに必要なスキルを学ぶ 7. 自分の強さと弱さを知る
小学校中学年から中学年	上の感情プラス 嫉病、期待、傲慢	11. 自己に同時に起こる複数で感情を知ることができる 12. 感情を秘める（隠す）能力をもつ 13. 意識して感情の変化を知ることができる 14. 自分の感情に個人的な責任を感じる	7. 他者の感情の変化を知り、感情と出来事を結びつける 8. 他者に同時に起こる複数の感情が起きていることがわかる	8. 自己と他者の悲しみをマネジメントする 9. 拒否、罪悪感、嫉妬、落ち込み、怒りに対して適切に対応する 10. 感情をポジティブに利用して動機づけを高める	8. 葛藤状況の意識、解決方法を理解する 9. 人種差別などの存在に焦点をあて、平等や差別の理解をのばす 10. 対人関係を円滑にいとむスキルをのばす

(Cornwell & Bundy（2009）より修正して引用)

くつかのアプローチが予防教育として導入され始めています。こうした予防教育を行っていくためには、表 2-1 のような感情の発達アウトラインを明らかにしていく必要があります。すでに海外では、**ソーシャル・エモーショナル・ラーニング**（Social and Emotional Learning）と総称して多くの感情の育成を含めた教育的アプローチが開発されています（渡辺, 2016）。具体的な実践方法やエビデンスも明らかにされています。今後は、わが国でも、積極的に取り入れていくことが期待されます。

（渡辺　弥生）

［引 用 文 献］

久保ゆかり（1999）．児童における入り混じった感情の理解とその発達　東洋大学児童相談研究, *18*, 33-43.

仲真紀子（2010）．子どもによるポジティブ、ネガティブな気持ちの表現：安全、非安全な状況にかかわる感情語の使用　発達心理学研究, *21*, 365-374.

渡辺弥生・藤野沙織（2016）．児童の感情のリテラシーの発達：感情表現に焦点を当てて　法政大学文学部紀要, *73*, 83-97.

［参 考 文 献］

Saarni, C. (1999). *The development of emotional competence*, New York. The Guilford Press. (サーニ, C. 佐藤香監訳 (2006). 感情コンピテンスの発達　ナカニシヤ出版).

渡辺弥生（編）（2011）．子どもの感情表現ワークブック　明石書店

渡辺弥生（2016）．児童の感情リテラシーは教育しうるか──発達のアウトラインと支援のありかた──　エモーション・スタディーズ, *2* (1), 16-24.

■ 第6節 ‖ 道徳性の発達

■ 1. 道徳教育の変化

　子どもたちのいじめ問題が減少しない状況に対応しようと、国も大きく動き出しています。道徳教育の改革とばかり、「特別の教科　道徳」という科目が教科として位置づけられることになりました。しかも、特別の教科という冠がつけられています。これは、何を意味するかというと各教科を含み込む役目も担わなければいけないということで、道徳の教科は重責を負うことになったの

です。

今度の教科化で目標とされていることは、自律的に道徳的実践ができる子どもたちを育てることにあります。特別教科道徳の目標は、「よりよく生きるための基盤となるための道徳性を養うため、道徳的諸価値についての理解を基に、自己をみつめ、物事を(広い視野から)多面的・多角的に考え、自己の生き方(人間としての生き方)についての考えを深める学習として、道徳的な判断力、心情、実践意欲と態度を教える」と定められています。具体的な指導方法として、(1)児童生徒の発達段階を考慮した指導法の工夫、(2)問題解決的な学習、(3)総合的な道徳指導、とあります。

したがって、生徒指導や教育相談においても、こうした道徳の教科の存在を意識しながら、学校全体で道徳性が育つ風土を作り出し、問題を予防し、生じている問題を具体的に解決していくことが求められているのです。

■ 2. 道徳性の発達

こうした教科の目標に謳われている通り、まずは子どもの道徳性がどのように発達しているかを大雑把にでも理解している必要があります。

道徳性の心理学的研究は3つの切り口から検討されています。一つは、罪悪感や嫉妬など「道徳的な感情」に注目した理論です。二つ目は、実際に、席をゆずるとか、嘘をつかないといった「道徳的な行動の発達」です。そして三つ目は、何をずるいと考えているのか、正義とはどういうことかといった考え方や判断という「道徳的な認知」です。それぞれについて、明らかになっていることを紹介しましょう。

(1)道徳的感情について

うしろめたいといった罪悪感の発達については、**精神分析理論**で有名なフロイト(Freud, S.)の考え方が古典的に有名です。おおよそ4、5歳で獲得されると指摘されていますが、Hoffman(2000)は共感的な気持ちが罪悪感に変換されると考えています。「自分が他人の苦しみの原因ではないだろうか」という自己非難が自身に対するネガティブな感情を引き起こすのです。第一段階としては、他人のたとえば痛みといった単純な表現に共感的な苦しみを感じるところ

第6節　道徳性の発達　　61

から獲得します。第二段階として、他人が自分の身体的存在と異なる別の存在と理解したのちは、他人の苦しみが自分に認知できるようになり、罪悪感を感じ始めます。第三段階は、他人も内的な状態を保っていることを理解し、心のなかに感じている苦しみの原因に自分があると知るようになると強い罪悪感を抱きます。最終的な段階は、直接の関係を超えて、たとえば他国の問題でも自分の存在が原因に少しでも関わることが想像できるようになると、共感を抱くことができるようになると考えられます。

(2) 道徳的行動について

子どもたちが、「かわいそうだな」と思っても、実際に困っている人にどう声をかけるとよいのか、どのような行動をすればよいのか困ってしまうことはよくあるものです。こうした道徳的な行動がどのように身につけられるかというメカニズムをうまく説明した理論として、Bandura（1986）の**社会的認知学習**（社会的学習理論）がよく知られています。

困っている子に、「どうしたの、大丈夫？」と声をかけることや、代わってあげる、手伝ってあげるといった行動は、**観察学習**によって可能になると考えられます。誰かが困っている人に親切にしている行動を見て、その行動を模倣して学習することができるようになるのです。こうした観察学習は、援助行動など良い行動も獲得できますが、暴力などの攻撃行動も観察して学習することができてしまうため、ただ観察するだけでなく、どういったことが良い行動な

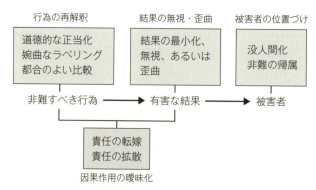

図2-6　自己調整過程における内的コントロールの不活性化メカニズム

のか説明したり意味づけしたりする必要があります。

　ところが、私たちは、実際には道徳的な行動をとることを避けてしまうことが多々あります。Banduraは、この道徳的な行動がとれない理由について、興味深い理論を提唱しています。私たちは、一般には自分が不道徳な行動をしないように自己調整する力を身につけています。ところが、いくつかの理由からその調整機能が不活性になってしまうというのです。こうした不活性になる事態を説明する4つのメカニズムがあります（図2-6参照）。

　①「行為の再解釈」のメカニズム：道徳的な正当化は、たとえば、「平和のための解決なのだ」と思い込んで戦争を導いたりすることです。婉曲なラベリングの例は、リストラを適正規模化と名づけて社員に伝えるなど、つい非難を逃れようとしてしまうような場合です。都合のよい比較は、万引きしても、「○くんもやってたよ」と自分に有利になるようにする行為のことです。

　②因果作用の曖昧化のメカニズム：「私のせいじゃない、△の責任だよ」といった責任転嫁や、「赤信号みんなで渡れば怖くない」といった責任の拡散は、自分の弱さや甘さが反映しやすいメカニズムです。

　③結果の無視・歪曲のメカニズム：悪いことをしてしまった時は忘れたくなります。そのため、自己を制裁しようとする動機づけは弱められることになります。また、組織やグループの階層が多いと、ボス（上司）が悪いことを考えて、手下（部下）にやらせることが多々ありますが、ボスは直接行為をしていないので結果についての責任感が概して弱くなります。

　④被害者の位置づけのメカニズム：相手を自分と同じように考え、感じる存在としてとらえず、見下げて認識すると没人間化というメカニズムが生じやすくなります。また、レイプ犯人が、自分の行為を棚に上げて相手がミニスカートをはいて挑発したからといったことを主張するような場合、非難の帰属というメカニズムが起こっています。

　このように、道徳的にふるまえない状況にはさまざまな不活性化のメカニズムが考えられます。したがって、ただ、「だめでしょ」と叱っても効果がありません。人がどういった状況で望ましい行動ができなくなるのか、ことあるたびに人の心理のプロセスを認識させ、自分で自身を戒めたり、きちんと責任を

第6節　道徳性の発達

もって対応するべき価値観を根気よく教えていく必要があります。

(3) 道徳的判断の発達

　人の痛みが感じられ、責任ある行動ができるようになるためには、やはり善悪の判断や考え方を育てる必要があります。人が互いに共存していくため、秩序のある集団を維持するためには、「**規範（ルール）**」意識が不可欠です。親は、さまざまな規範の必要性を伝えていく役割を担っています。また、親からだけではなく、友だちやきょうだいからも道徳的な考え方を学びます。いろいろな仲間と遊ぶことを通して、たとえば、おもちゃを取ったり、取られたりした葛藤を重ねることで「順番」という簡単なルールの意義を学んだりします。

　善悪の判断について、Piaget (1932) の有名な研究があります。何回叩いたか、いくつコップを割ったかといった外から見える損失やダメージの大きさにとらわれて決めがちだった子どもは、小学校2、3年生になると相手がわざとしたのか、過失だったのか意図や動機を推し量った上で善悪を判断するようになることがわかりました。自分中心の思考からしだいに他者の視点に立って考えられるようになると考えられます（脱中心化）。このことから、多くの人たちとの直接的な交流を重ねつつ、本や映画、地理や歴史といった知識を獲得すると、直接知らない人たちの立場や状況も推測できる力（役割取得能力）が養われると考えられます。

■ 3. 道 徳 教 育

　このように、道徳性の発達について、いろいろな角度からユニークな研究が重ねられています。物事の多くは、正しいか間違っているかといった単純な二択ではなく葛藤が多いものです。友情か規則かといった、価値と価値の葛藤（**モラルジレンマ**）も、成長するにつれて経験するようになるものです。こうしたジレンマは苦しいものですが、この苦しみを解決してこそ、人として成長できるのです。教師は子どもたちの葛藤に共感し、ともに考える立場として存在して、どうすればより良い解決ができるのかわかるように伝えていく努力が必要です。最近では、伝えるアプローチとして**ソーシャル・スキル・トレーニング**などが活用されています。

（渡辺　弥生）

［引 用 文 献］

Bandura, A.（1986）. *Social foundations of thought and action: A social cognitive theory.* Engelwood Cliffs. N.J.: Prentice Hall.

Hoffman, M. L.（2000）. *Empathy and Moral Development: Implications for Caring and Justice.* Cambridge University Press.（菊地章夫・二宮克美（訳）（2001）. 共感と道徳性の発達心理学　川島書店）

Piaget, J.（1932）. *The moral judgement of the child*（translated by M.Gabain）. New York（大伴茂（訳）（1957）. 児童道徳判断の発達　同文書院）

［参 考 文 献］

日本道徳性心理学研究会編（1992）. 道徳性心理学——道徳教育のための心理学——　北大路書房

渡辺弥生（2011）. 子どもの「10歳の壁」とは何か？　乗り越えるための発達心理学　光文社

渡辺弥生（2017）. ソーシャルスキルトレーニングの理論　諸富祥彦（2017）. 考え、議論する道徳科授業の新しいアプローチ10（pp.120-125）　明治図書

学校現場からの　つぶやき

【「ナナメの人間関係」で子どもの価値観を広げよう！！】　子どもが大きくなってくると、社会との関わりがたくさんできてきます。子どもたちが精神的に豊かに育つために、ぜひ取り入れてほしいのが、「ナナメの関係」です。ナナメの関係とはどんな関係なのでしょうか。

タテの関係は、家庭では親子の関係、学校では担任の先生との関係です。そしてヨコの関係は、同学年の友人関係などをいいます。ナナメの関係とは、親ではない大人や少し年上の子どもとの友人関係等です。つまり、友だちのお父さん・お母さん、近所のおじさん・おばさん、担任の先生ではない先生というように、自分から少し関係性を遠くしたところの存在の方々です。本人とは違う価値観をもたれていることが多いので、ナナメの関係によって、幅広い価値観や生き方に接することができると思います。

これは、「敬老会・語ろう会のボランティア」に参加した中学生の感想です。

「最初は、接客ってどうやってするんだろうと、おどおどしていたら、地域のスタッフの人が優しく、こうしたらいいよって言ってくださったおかげで、すばやくケーキや飲み物等を運べてよかったです。数回やると、だいぶ慣れてきて、忙しくて大変だったのが、忙しさがやりがいになってなんだかとても楽しかったです。地域のおばあちゃんも参加していて、声をかけたら『ありがとうね。中学生のみなさんがきてくれると元気になるよ』と言ってくれた。私達が来たことで、『元気をもらった』と言ってもらえたのは、うれしかった。

『語ろうコーナー』では、101歳の女性の方のお隣にすわって話をした。耳が悪いからと、伝えたいことをボードに書いて伝えました。でも返事は全部口で喋って返してこられた。とても元気で、電球の交換も一人でできると言っておられた。それに『編み物の大先生』と言われるくらい、編み物が得意らしくて、とってもかっこ良かった。やっぱり、みんな、人は生きがい（編み物）をもっておくことが大切なことだなあと思った。私もおばあちゃんから元気をいっぱいもらいました。」

生徒は地域の方から多くの生き方を学びます。また、褒められることにより自己肯定感も高まります。現在、社会総がかりの教育が求められています。社会全体で子どもを育て守るためには、地域の方々と協働し、学校内外で子どもが多くの大人と関わる機会を増やすこと、つまり「ナナメの関係」をつくることが大切だと思います。

（森　保之）

【子どもの心を伝える代弁者として】 スクールカウンセラーとして、私は**問題行動の裏にある子どもの思いや意味を伝える代弁者**でありたいと考えています。子どもの気持ちを最優先に、今できること、やるべきことを伝えていきたいと思っています。しかし、そればかりではうまくいきません。ある時、授業に集中できず、友だちにちょっかいを出し、思うようにいかないと教室を飛び出してしまう小学3年生男子への対応について担任から相談を受けたことがありました。授業中や友だちとのかかわりの様子を観察し、先生方に次のように前向きに伝えたつもりでした。『本人なりにがんばりたい、認められたいという気持ちはあるようですが、うまく言葉にできないもどかしさから行動で表現してしまうようです。感情が溢れてしまった場面では、逸脱行動を通して伝えたかった彼の気持ちを代弁し、**共感**した上で正しい行動を伝えるなど、本人の自信とやる気を支えるかかわりを通すことで伸びる力のあるお子さんです。』ところが、翌週訪問すると、「前回はいつもに比べていい子だった。もっと大変なところを見てほしい」と先生から言われ、問題行動が出やすい5時間目の算数を観察するように依頼されました。

　すると、こちらが予想していた通り、彼の思うようにいかないことがあり、彼は声をかけた先生を睨みつけ、花瓶を倒し教室を飛び出していってしまったのです。私が後を追うと、ベランダに出てぼんやりと外を眺めている彼を見つけました。不用意に刺激して危険な行動に出ないよう、5m程の距離を置いて私も一緒に眺めることにしました。チラチラと雪が舞い散る寒い冬の日のことです。互いの距離が縮まることはなく、寒さに震えながら授業が終わるまでただただ外を眺め続けました。「なんでこんなことになっちゃったんだろう…。」という言葉が私の頭のなかに浮かびました。そして、私はこれが彼だけでなく先生の気持ちも同時に代弁しているように感じました。子どもの気持ちを伝えることばかりになり、この子のために毎日精一杯関わってくださる先生への労いと共感、そして感謝が足りなかったと深く反省しました。子どもの発達上の危機を乗り越えていく際、本人だけではなく関わるすべての人の思いを支え、励まし、互いの信頼と**協働性**を構築する作業なくして前に進むことはできません。そんな大切なことを教えてもらった忘れられない事例です。　　　（小高　佐友里）

CHAPTER 3
教育相談で知っておくべき子どもの問題と対応

第1節 不登校

1. 不登校問題の理解

　文部科学省(初等中等教育局児童生徒課, 2017)では、不登校を「何らかの心理的、情緒的、身体的、あるいは社会的要因・背景により、児童生徒が登校しないあるいはしたくともできない状況にあること(ただし、病気や経済的な理由によるものを除く)をいう」と定義し、1年間に30日以上欠席した児童生徒の調査を行っています。毎年、多少の増減はありますが、小学生、中学生においては12万人程度、高校生では5万人程度が不登校状態にあります。また、小・中学生の約5割は年度をまたいで不登校状態が継続し、高校生では1万人以上が中途退学となっています。このように、不登校問題は、学校教育上の大きな問題となっています。

　「学校を休んでいる」ということは同じでも、不登校となる要因や背景は、個人個人で異なっています。多くの場合、たとえば「友人関係」を契機に不登校になった場合でも、実際の要因は1つではなく、心身の健康・発達傾向・性格など個人の要因、友人関係・家族関係・教師との関係など対人関係の要因、学業の要因、進路の要因などが複雑に絡みあっています。幅広い視点からの理解と同時に、不登校を児童生徒の成長の機会ととらえ対応していく姿勢が求められます。

　学校を休むことの何が問題なのでしょうか。学校を休むことで、学業が遅れてしまうということが、まずあげられるでしょう。しかし、学業の問題だけではありません。学校で他者と関わらないことで、自己表現や他者理解など対人関係における力を育てていく機会が減少してしまいます。つまり、不登校は、

その時期の不適応問題だけではなく、その後の進路や対人関係などにおいて長期的に影響を及ぼす可能性があるのです。したがって、学校においては、学校復帰を第一に目指すことが求められています。そのためには、不登校児童生徒への対応だけではなく、戻ってくる学校や学級が安全で魅力のある環境となることを目指した取り組みも重要となります。

しかし、不登校の継続は5割以上という数字にもあるように、学校復帰が難しい場合もあります。その時には、他の場所、他の機会でどのように学習や対人関係の機会を補償していくかという対応も非常に重要となってきます。うまく実現していくためには、その児童生徒を取り巻く**援助資源**を利用していく視点をもつことが必要です。援助資源には、学校の相談室・公的な教育支援センター（適応指導教室）・民間のフリースクール・学習塾・習い事などの場所、そこにいる友人・教師などが考えられます。その子の状態や援助資源をよく把握し、適切な時期に適切な場所と連携していくことが求められます。

■ 2. 不登校の経過と対応

不登校の児童生徒は、ずっと同じ状態でいるわけではありません。不登校初期、中期、後期と経過によって、その状態は異なってきます(表3-1)。もちろん、この経過通りに進むケースばかりではありません。児童生徒がどのような状態にあるのかを把握し、その時に必要な対応を行っていくことが大切です。

(1) 不登校初期

不登校初期は、なんらかの理由により、登校に対する困難や葛藤を抱え始める時期です。子どもは何か問題を抱えると、身体症状を訴えたり、ぼーっとしている、落ち着きがなくなるといった行動が変化するなど、さまざまなサインを出します。子どもによっては、頭痛など身体症状を訴えるだけで、学校生活にとくに問題はないということもあります。身体症状は、心の問題の表れであることもありますが、そうではない場合もあります。まずは、病気など本当に身体に問題がないかを医療機関などで確認することが大切です。この時期の子どもは、登校するかしないか迷っている状態にあり、その意味で、まだ登校への意欲がある時期でもあります。理由のよくわからない欠席が2〜3日続いた

第1節 不登校　69

表 3-1　不登校の経過と対応

	児童生徒の状態	対　応
初期 I	頭痛など各種の痛みを訴える 朝は、登校をめぐって葛藤状態（ひどく落ち込む、暴れるなど） 午後になると元気になる 学校に行ったり行かなかったりの間欠状態	①理由のわからない欠席が３日で、二次的援助サービスのリストに入れる ②身体症状がある場合は、身体の問題が本当にないか確認する ③何が登校を妨げているのかの情報を集める（学習面、心理・社会面、進路面、健康面など幅広い視点から） ④妨げている要因が特定できる場合は、積極的に解消に向けて対応する
初期 II	登校刺激をすると不安定になる（暴れる、自傷行為、家出、過剰な不安など）	①登校に向けての対応（保護者の登校刺激、教員や友人からの登校の誘い、家庭訪問など）が有効か否かを判断する ②登校へ向けての対応が有効ではないと判断された時には、保護者サポートを行う（保護者に対する教育相談担当やスクールカウンセラーとの相談の実施） ③まずは、家での安定を目標とする。 ④病院など専門機関との連携が必要か判断する
中期 I	無気力な状態（昼夜逆転、過剰な睡眠、マンガやテレビなどをボーっと見続けるなど）	①保護者サポートを継続し、家庭を孤立させない（定期的な電話、手紙やお知らせを渡す、相談の継続など） ②その対応が、安定して継続できるかという教師側の条件と、子どもと保護者の要求に沿っているかという家庭の側の条件に留意する ③登校刺激をしない形で教師が関われそうか試みる（信頼関係の構築）
中期 II	意欲が回復し、好きなことはできるようになる 自発的な行動が増える 友人や学校、勉強などに興味を持ちだす	①不登校だからといって行動を制限しないこと（ルール決めは必要） ②保護者、本人と、学校あるいは別の場所に行けるかどうかを話しあう（別室登校など学校でできる支援や教育支援センターなど学校以外の機関の情報提供） ③必要であれば、本人の相談を実施する（年齢や状態に応じて、カウンセリング、ソーシャル・スキル・トレーニングなど）
後期	学校あるいは学校以外の機関に通い始める 心身ともに疲れ登校は不安定 安定するまでには時間がかかる	①登校復帰へのステップは、本人と話しあい、本人が決めていくことを大切にする ②本人にとって安心で魅力ある学校・学級となるよう、環境を整える ③登校後も丁寧なフォローアップをする ④学年が上がる時の引き継ぎをしっかり行う

だけでも不登校の予兆ととらえ、しっかりと情報を集め、早期対応につなげることが、不登校の予防になります。「学習面、心理・社会面、進路面、健康面」などのように多角的な視点から総合的に情報を集めること、その子の問題点だけでなく、強みや好きなこと（**自助資源**）、その子の周りにあって問題解決に役立つもの・人（援助資源）も把握していくという学校心理学におけるチーム援助

の方法（石隈・田村，2003）が、その後の対応に役立ちます。

　早期対応においても、登校が安定せず、逆に子どもの状態が不安定になる場合には、登校に向けての対応が適切か否かを判断することが必要です。あまり長く不安定な状態を続けさせると、家庭内暴力、自殺行為、抑うつなど、深刻な問題に発展してしまうことがあります。このような時には、登校ではなく、まずは家での安定を目標とするように切り替え、目標達成の成功体験が得られるようにします。そのために、保護者に対する相談を実施し、保護者を支えていきます。不登校の背景に、精神障害や発達障害など、医療機関やスクールカウンセラーのようなより専門的な機関との連携が必要な場合もあります。

(2) 不登校中期

　家での安定が得られると、子どもによっては、一時期、無気力な状態を示すことがあります。昼夜逆転するなど、だらだらとした生活を送るため、一見、怠けているように見えてしまうかもしれません。登校を巡って、それまでに心理的な負担がかかっていることもあり、その回復のためには、心身ともに休むことが必要なのです。しかし保護者は、そのような子どもの様子を見て、怒りや焦り、不安を感じます。したがって、この時期は、保護者の相談を継続し、気持ちを受け止め、家庭を孤立させないことが大切です。この時期は、長期間にわたることもあります。「保護者に言われて、こうすると約束してしまったけど、実際は忙しくて、そこまではできない」という教師側、「先生はこうしてくれると言ったのに、してくれなくなった」という家庭側、というようにずれが生じてくると、お互いの信頼関係が崩れてしまうことになります。教師であっても、時間も能力も限りがある人間です。最初の段階で、保護者や子どもの要求と教師側が安定して継続できる対応を考慮して、誠実に話しあい、決めていくことが求められます。この時期に、登校刺激ではない形で教師が関わり、子どもとの信頼関係を作れていると、次の段階での対応がスムーズにいくでしょう。

　子どもは、十分に心身を休めると、しだいに気力が回復してきます。「退屈だ、ひまだ」といった子どもの言葉は、気力が回復してきたサインであることが多いです。それは、退屈だから何かやりたいということであり、心身が疲弊

第1節　不登校

している時には、感じられない感情だからです。この時期に入ったら、家での
お手伝い、習い事や塾通い、休日に遊びに出かけるなど、本人ができることを
認めていくと、より気力が出てきます。学校のことを気にするような様子があ
る場合には、本人ができそうな登校のスタイルがあるかを教師と話しあうこと
で、登校復帰のステップとなるかもしれません。あるいは、学校以外の適応指
導教室やフリースクールで学校復帰に備えるという選択肢もあります。この段
階で、こうした対応をとらないと、不登校状態が長期化してしまう危険性もあ
ります。

(3) 不登校後期

登校に向けてのステップは、年齢によりますが、本人と話しあい、本人が自
分で決めて自分で行動するということを大切にします。保護者や教師が、その
ステップを決めて、前から引っ張っても、本人のペースではないので息切れし
てしまう可能性があります。一番重要なのは、自分で決めて自分の力で戻るこ
とで、自信や自己効力感を高めることができるということです。不登校になっ
た児童生徒は、自信を失い、自己効力感が低下してしまうことが少なくありま
せん。よって、登校復帰は、その回復の大きなチャンスといえます。教師は、
どのようなステップが可能なのかという情報提供をし、本人が決めるのを話し
あいで手助けをすること、そして行動できた時には、「自分で決めたことが
実行できた」というポジティブなフィードバックをしていくことが求められま
す。ステップを決める際には、子どもの感じる不安を場面ごとに得点化し、不
安の低い場面からチャレンジしていくという、認知行動療法の手法が役に立ち
ます。

不登校の児童生徒を生まないために、また不登校から復帰した児童生徒が楽
しく通えるためには、学校を休みたいと思わせない学校づくりが大切です。授
業や行事が魅力あるものになっているのか、すべての児童生徒が個に応じて活
躍でき認められる場面があるのか、いじめや暴力行為を許さない規律正しい学
級の雰囲気となっているのかなど、日々の取り組みが重要となります。また、
困難な状況においてもしなやかに適応していく心（レジリエンス）を育てる教育
も、さまざまな問題に対する予防として注目されています。　　**（杉本　希映）**

[引 用 文 献]

石隈利紀・田村節子 (2003). 石隈・田村式援助シートによるチーム援助入門学校心理学・実
　　践編　図書文化文部科学省初等中等教育局 (2017).

児童生徒の問題行動等生徒指導上の諸問題に関する調査——用語の解説——　http://www.
　　mext.go.jp/b_menu/toukei/chousa01/shidou/yougo/1267642.htm（2017 年 9 月閲覧）

[参 考 文 献]

C. A. カーニー・A.M. アルバーノ (2014). 佐藤容子・佐藤寛 (監訳)　不登校の認知行動療法
　　セラピストマニュアル　岩崎学術出版

深谷昌志 (監修) 深谷和子・上島博・子どものレジリエンス研究会 (2015). 「元気・しなやか
　　な心」を育てるレジリエンス教材集 1　明治図書

五十嵐哲也・杉本希映 (2012). 学校で気になる子どものサイン　少年写真新聞社

■ 第2節 ‖ い じ め

■ 1. いじめ問題の理解

(1) いじめの定義と現状

　文部科学省では、いじめ防止対策推進法の施行に伴い、2013（平成 25）年度
から以下の通りにいじめを定義しています。いじめとは、「児童生徒に対して、
当該児童生徒が在籍する学校に在籍している等当該児童生徒と一定の人的関係
のある他の児童生徒が行う心理的又は物理的な影響を与える行為（インターネッ
トを通じて行われるものも含む。）であって、当該行為の対象となった児童生徒が心
身の苦痛を感じているもの。」とされています。

　文部科学省の調査によると、この定義に基づいたいじめの認知（発生）件数は、
毎年 20 万件を超えています。また、国立教育政策研究所の 2013 年から 2015
年の 3 年間の追跡調査によると、この期間に「仲間はずれ、無視、陰口」を経
験していない児童生徒の割合は、小学生の被害経験なし 11.5%、加害経験なし
21.4%、中学生の被害経験なし 31.5%、加害経験なし 34.2% となっています。
これにより、多くの児童生徒が、被害者と加害者を入れ替わりながらいじめに
巻き込まれていること、特定の子だけがいじめを経験しているのではないこと
がわかります。どの子にも起こりうるということは、教師も保護者もよく理解

第2節　い じ め　　73

をしておく必要があります。

(2) いじめのメカニズム

中井 (1997) は、いじめの経過を3つの段階で説明していますが、この経過を知っておくことはいじめ対応に非常に有用です。第一段階は、被害者となるターゲットと理由の決定がなされる「孤立化」、第二段階は反撃に対するさらなる攻撃と助けを求めることを禁止する「無力化」、第三段階は被害者の対人関係が加害者集団のみに取り込まれてしまう「透明化」という段階があります。「無力化」してしまうと、助けを求めなくなってしまいます。ですから、日頃から児童生徒の様子をよく観察するだけでなく、定期的なアンケート調査や個人ノートのやりとり、個別面談などで、把握する機会を設けることが早期発見には必要です。

いじめ集団の構造は、加害者と被害者だけではなく、それを取り巻く観衆と傍観者から成り立ち、この構造にいじめが深刻化し長期化する要因が潜んでいます（図3-1）。現在では、「仲裁者」になる児童生徒が少なく、次のターゲットにならないよう「傍観者」でいようとする児童生徒が多くなっています。

加害をしてしまう児童生徒の背景にある要因は何なのでしょうか。4つの心理学的な理論を紹介します。第一に、主な養育者との安定した情緒的な絆、つ

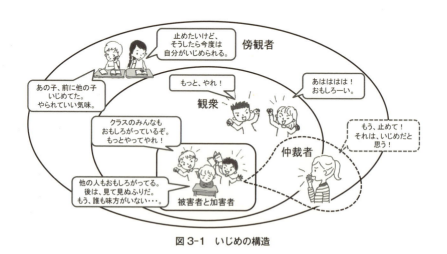

図3-1　いじめの構造

		いじめ行為につながる例	いじめ行為につながらない例
1. 符号化	相手の発言内容、表情、行為、周囲の状態などの刺激に注意を向ける	Aさんが、私の声かけを無視して、他の子と話している。	
2. 解釈	その刺激を、自分の記憶と照らし合わせて、その状況を解釈する	Aさんは、前に他の子を仲間外れにしていたと聞いたことがある。私も仲間外れにする気だ。	Aさんは、話に夢中になると周りが見えなくなるからな。
3. 目標の明確化	状況の解釈を受けて、相手との関係を維持するか、自分の欲求を満足させるかの目標を選ぶ	仲間外れにされたくない。その前に、Aさんをこのグループから外さなければ。	私も一緒に話したいな。話が落ち着いたら、もう一度声をかけてみよう。
4. 反応の検索・構成	目標に沿った具体的な行動を思い浮かべる	まずは、Aさんが前にいじめをしていたことをグループの子たちに話して、Aさんと話すのを止めるように言ってみよう。	
5. 反応決定	思い浮かべた行動を、目標が達成できる見込みがあるか（結果予測）と、その行動がどの程度容易にできるか（自己効力）を評価する	グループの子は私に味方してくれると思うから、Aさんをグループから外すことは簡単にできるはず。	グループは私に味方してくれてAさんを仲間外れにすることはできるかもしれないけど、こんなことしたら次は私が外されるかもしれない。
6. 実行	前段階で決定した行動を、実行する	グループの子とAさんと話さないようにしようと決め、実際に無視をする。	グループの誰かを仲間外れにすることは止めて、Aさんと話すための他の方法を考えよう。

図 3-2　社会的情報処理理論といじめ行為

まり**愛着関係**の形成が基本的な対人関係のもとになります。安定した愛着関係が形成されていないと、他の人とのかかわりにおいて、不安定であったり攻撃的になったりすることがあります。第二に、**社会的学習理論**という考えです。子どもは、他者を観察することで行動を学習します。夫婦喧嘩が絶えない親、虐待をする親、子どもを怒ってばかりいる教師は、子どもの行動の悪いモデルとなっている可能性があります。また、メディアからの影響もあります。子どもは、たとえば流行っているお笑いのネタなど何でも真似したがり、それがエ

第2節　いじめ　75

スカレートしていじめ行為につながることもあります。真似をして他の子ども
をからかうような行為に対して、周りの大人がどう指導していくかが問われて
います。第三が、攻撃性はなんらかの欲求不満の結果であるとする**欲求不満ー
攻撃仮説**です。学校においては、勉強や運動ができることなどが評価されます
が、この欲求を常に満たされている子どもは一部です。あるいは、その子が望
む欲求が満たされていない家庭環境にいる子もいるでしょう。そのような欲求
不満に耐える力は、発達とともに育ってきますが、子どもはまだ未熟な存在で
す。欲求不満に長くさらされることで、それに耐えきれなくなり、攻撃性を
伴ったいじめという行為で発散しようとしてしまうのです。いじめの怖いとこ
ろは、被害者という自分よりも下の者を作り出すことで、一時的に優越感とい
うプラスの報酬が得られるところにあります。このプラスの報酬が行動を強化
するために、いじめは継続してしまうのです。第四に、人が相手に対する行動
を起こす際のプロセスを説明した**社会的情報処理理論**です (図3-2)。からかわ
れたら叩き返すなど自分を守るための反応的攻撃行動をとりやすい人は、この
プロセスの前半部分 (特に符号化・解釈) に、人を支配するためなど自分の目標達
成のための能動的攻撃行動をとりやすい人は、このプロセスの後半部分 (とく
に反応決定) に問題があることが明らかにされています (濱口, 2001)。

■ 2. いじめに対する予防教育

(1) 児童生徒の心を育てるための予防教育

　現在、**ソーシャル・エモーショナル・ラーニング** (Social and Emotional
Learning：以下 SEL) という予防教育が注目されています。SEL は「自己の捉え
方と他者との関わり方を基盤とした、社会性 (対人関係) に関するスキル、態度、
価値観を育てる学習」(小泉, 2011) と説明され、さまざまな学習プログラムが開
発されています。たとえば、セカンドステップ (井部, 2013) は、「相互の理解」、
「問題の解決」、「怒りの扱い」の３つのプログラムで構成され、自分と他者の
感情の理解から、問題解決や怒りの扱いの具体的なスキルまで学べる内容と
なっています。このような構造化されたプログラムでなくても、構成的グルー
プエンカウンター、アサーショントレーニング、ストレスマネジメント教育な

76　第3章　教育相談で知っておくべき子どもの問題と対応

ど、これまで日本の学校現場で行われていたものを組み合わせて、年齢や学級の状態に合わせて実施することもできます。

(2) 保護者の理解を深めるための予防教育

　海外の研究では、児童生徒の予防教育を効果的にするためには、保護者向けのプログラムの実施も必要であることが明らかになっています。たとえば、オーストラリアの Friendly Schools Friendly Families（http://friendlyschools.com. au/fsp/）といういじめ予防プログラムでは、いじめに対する正確な知識や態度、子どもをいじめから救えるという効力感、社会性を育みいじめを予防する子どもとのコミュニケーションという保護者向けのプログラムが開発されています。日本においても、いじめ防止対策推進法において保護者の責務が明記されました。スクールカウンセラーなどと連携し、保護者向けの配布物や保護者会などの機会を利用し、保護者に対しても予防教育を行っていくことが求められてきているといえます。

■ 3. いじめに対する事後指導

(1) いじめか否かの判断

　いじめか否かの判断は、定義にもあるように、被害者の主観が重視されます。まずは、被害者から丁寧に話を聴くことになりますが、その際には、客観的事実とともに、被害者の精神的な苦痛や辛さをしっかりと受け止めます。重大事案と判断された場合には、各自治体で策定が義務づけられている「いじめ防止基本方針」に基づき、教育委員会と連携し、支援体制を整え、詳細な調査を行ってくことになります。したがって、いじめか否かの判断は、決して教師一人で抱えて判断することなく、学校として判断していくことが必要です。

(2) 加害者への指導

　加害者は多くの場合、グループです。グループのなかには、リーダー格の子ども、積極的に関与している子ども、悪いと思っていながら関与している子どもなど、いろいろな心情の子どもがいます。ですから、加害者に指導する時には、グループを一度に呼んで指導することなく、基本は一人ひとり別々に話を聴き、指導します。話を聴く時には、被害者と同様、客観的事実とともに、加

害者の置かれた状況や気持ちもしっかりと受け止めます。いじめという行動は絶対に悪いことで厳しく指導すべきです。しかし、ただ厳しく叱責するだけでは、加害者のあらたな欲求不満を生み、陰に隠れて、またいじめをするかもしれません。加害者の満たされていない欲求は何か、対人関係や問題解決の未熟さはどこにあるのか、その後の指導のなかでこれらの視点をもつことが必要です。なお、いじめが解消したかの判断については、2017（平成29）年に新しい指針が文部科学省から出されました。第一に、いじめに係る行為のやんでいる状態が少なくとも3ヵ月以上継続していること、第二に、被害児童生徒が心身の苦痛を感じていないと認められることです。被害を受けた子が、安心して楽しく学校に通えるよう、長期的に対応していくことが求められます。

（杉本　希映）

［引 用 文 献］

国立教育政策研究所（2016）．いじめ追跡調査
　　http://www.nier.go.jp/shido/centerhp/2806sien/tsuiseki2013-2015_3.pdf
小泉令三（2011）．社会性と情動の学習の導入と実践　ミネルヴァ書房
井部文哉（編）（2013）．キレない子どもを育てるセカンドステップ　NPO法人日本こどものための委員会
濱口佳和（2001）．子どもと攻撃行動——社会的情報処理の視点から——　発達臨床心理学の最前線　杉原一昭（監修）（pp.162-171）　教育出版
中井久夫（1997）．いじめの政治学　アリアドネ空の糸　みすず書房

［参 考 文 献］

第二東京弁護士会子どもの権利に関する委員会　どう使うどう活かすいじめ防止対策推進法　現代人分社
ウォルター・ロバーツJr.　伊藤亜矢子（監訳）多々納誠子（訳）　いじめっ子・いじめられっ子の保護者支援マニュアル　教師とカウンセラーが保護者と取り組むいじめ問題　金剛出版
山田勝之・戸田有一・渡辺弥生（編著）（2013）．世界の学校予防教育　金子出版

■■ 第3節 ‖ 非 行

■ 1. 非行の現状

　警察庁生活安全局少年課の報告によれば、平成 28 年度における刑法犯少年の年齢別検挙人員数では 16 歳がもっとも多く、この 10 年で 14 ～ 16 歳の占める割合が上昇傾向にあること、また、触法少年 (刑罰法令に触れる行為をした 14 歳未満の少年) では小学生の割合が上昇していることが示されました。刑法犯少年とは、刑法に規定する罪を犯した犯罪少年 (罪を犯した 14 歳以上 20 歳未満の少年) と触法少年との総称です。「非行少年」という場合は、虞犯少年 (20 歳未満で、将来罪を犯し、または、刑罰法令に触れる恐れのある者) も含めます。

　内閣府は「平成 29 年版　子供・若者白書」において、刑法犯少年の非行時間帯について、16 ～ 18 時 (17.4%) がもっとも多く、14 ～ 20 時で全体の半分弱を占めていること、また、罪種別では窃盗がもっとも多く、非行の原因・動機をみると、所有・消費目的 (64.8%) がもっとも多く、次いで、憤怒 (11.2%)、遊興費充当 (6.2%)、遊び・好奇心・スリル (6.1%) であったことを報告しました。これにより、子どもたちが下校してから就寝するまでの時間をどのように過ごすのか、また、下校後の子どもたちを大人はどのように見守っていくのか、さらには、子どもたちの規範意識や感情コンピテンスをどのように育てていくのかという課題がみえてきます。

(1) 初発型非行

　万引き、自転車盗、オートバイ盗、占有離脱物横領の 4 罪種を指します。単純な動機で安易に行われることが多く、スリルを求め犯罪を楽しむ傾向がみられることもあります。刑法犯少年全体に占める**初発型非行**の割合はここ数年 6 割前後です。こうした非行をくり返すうちに規範意識を失い、重大な非行に至る恐れがあると考えられ、「重大非行の入り口」とも言われています。

(2) 再犯者率の高さ

　警察庁生活安全局少年課が公表した平成 28 年度での少年非行の状況報告によれば、刑法犯少年の検挙人数は、風俗犯を除き、ここ数年減少傾向にあります。しかしながらその一方で、再犯者率についてはここ数年増加傾向にあるこ

とも示されました。このような状況について、更生が難しく、発達上の問題も含めて支援等を必要とする少年たちが増えている可能性も指摘されています。虐待と非行との関連について脳科学の分野での研究も進んでいますが、家庭での支援の難しさを補うために、地域や学校でのさらなる支援の充実が求められています（「少年サポートセンターひろしま」の活動を参照）。

(3) 不 良 行 為

　警察が補導した不良行為少年（非行少年には該当しないが、飲酒、喫煙、深夜はいかいなどを行って警察に補導された20歳未満の者）は、近年、減少傾向にあります。行為の態様別では、深夜はいかい（58.4％）と喫煙（31.7％）で全体の9割程度を占めます。補導人員が減少傾向にあるだけでなく、人口比（14歳～19歳の人口千人当たりの人員数で算出）もこの10年間減少傾向にあります。先述した小学4年生から中学3年生を対象とした内閣府の調査結果では、多くの子どもたちが家庭での親との関係の良さや学校生活への満足を示していることが報告されており、こういった状況が不良行為少年減少の背景のひとつとも考えられます。

(4) 非行の深化

　不良行為少年の多くは、不良行為の範囲内で逸脱行為を収束させて立ち直っていきますが、なかには逸脱度を深化させていく少年たちがいます。西野・氏家・二宮・五十嵐・井上・山本（2009）は、一般の中学生を3年間追跡した縦断調査の結果から、3時点（中1、中2、中3の各9月）で（調査時点から溯って3ヵ月以内に）一度も逸脱行為を経験していない生徒たちと非行が深化した（深夜はいかいや喫煙といった不良行為経験から、万引きや自転車を盗むといった犯罪行為経験へと非行の度合いが深まった）子どもたちでは、「逸脱行為をする友人の存在」「親への愛着」「学業成績」について統計的に有意な差があることを報告しました。すなわち、非行が深化した子どもたちは、不良行為や犯罪行為を一度も経験していない子どもたちと比べて、逸脱行為をする友人が多く、また、親への愛着や学業成績が低いことが明らかになったといえます。また、同研究では、中学3年生の時点で犯罪行為経験を報告した子どもの半数以上が、不良行為から犯罪行為へと非行性の深化を示したことを報告しており、子どもたちの非行の予防あるいは介入という視点で考えた場合、軽微な逸脱行為の時点で効果的な介入を

することにより、重篤な逸脱行為の生起を回避できる可能性があるといえるでしょう。そして、介入する際の視点として、子どもたちの友人関係、学業成績、親子関係に注目することで、より効果的な支援が期待できると思われます。

■ 2. 非行少年や不良行為少年にみられる特徴

非行や不良行為を行う子どもたちにはどのような特徴がみられるのか、いくつかの点から考えてみましょう。

(1) 規 範 意 識

清永 (2013) は、全国 13 都市の中学 2 年生を対象とする 2 時点 (1987 年と 2001 年) 調査のデータ分析から、逸脱した行動を「やってはいけない」という**規範意識**と「やってしまった」という行動とのあいだに「隙間・ずれ・乖離」が生じている可能性を指摘しました。つまり、近年、逸脱行動を「やってはいけない」という規範意識は全体として高くなっている一方で、「やってしまった」という体験者の割合が変わらないことから、普通の少年も非行少年も、「悪いと知りながらやっている」可能性があるのではないかということです。小学校で 2018 年度から、中学校では 2019 年度から、全面的に教科として実施される道徳の授業のなかで、この意識と行動の両者における隙間・ずれ・乖離を埋める作業をいかにして行うかが、子どもたちのなかに社会規範を内在化させるうえで重要です。すなわち、「やってはいけないことを知っている」だけでなく、「やってはいけないことをやらない」という「実践で使える規範意識」を子どもたちに浸透させることが喫緊の課題だといえるでしょう。

(2) 自 己 制 御

自己制御 (self-regulation) は、幼児期から徐々に形成されます。児童期あたりまでは、外的な報酬や罰 (褒められたり、叱られたりなど) によって制御されていますが、思春期に近づくにつれ、内発的な動機づけによって自己制御を行えるようになります。幼児期に、我慢をするなど自分自身をコントロールすることで得られる成功体験を積み重ねることで、自律性 (autonomy) や有能感 (competence) が育まれ、それによって徐々に内発的な意欲 (みずから目標を設定して、その目標を達成するために努力するなど) が生まれます。自己制御は、幼少期か

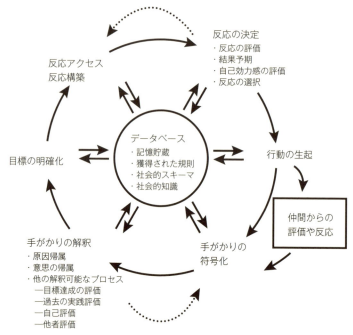

図 3-3　子どもたちの社会的適応に関する改訂版社会的情報処理モデル (Crick & Dodge, 1994)

らの親子関係、自我や社会性の発達、さらには言語機能やメタ認知などと深くかかわっています。

　法や社会のルールを守れないのは、目の前の欲求に対してうまく自己制御できないからです。一般的に、成長するにつれてそれまでの経験や認知の発達により、選択肢のなかからどの行動を選択することが最適なのかを理解するようになりますが、非行や不良行為を行う子どもたちには、欲求を制御する力の弱さだけでなく、過去の失敗経験をかえりみて次に活かすための内省する力や先を見通す力の不足がみられます。こういった弱さを補うような支援が必要だと考えられます。

(3) 社会的情報処理

　頻繁に攻撃行動を行う人は、他者との相互関係のなかから得られる情報を正確に、適切に、そして向社会的に処理する能力に欠けることがわかってきまし

た (Crick & Dodge, 1994)。社会的行動は、周囲から得られた情報を認知して解釈したのち、最適だと思われる行動を選択して実行するという一連の意思決定を含むプロセスを経て行われます (図3-3)。その場に応じたもっとも適切な行動が選択されないのは、この**社会的情報処理**プロセスにおいて潜在的意識構造 (データベース) の問題などからなんらかのエラーやバイアスが生じたために、その状況や場面で得られた情報が適切に処理されず、誤った方向で意思決定されたことによると考えられます。

　社会的情報処理の問題を生じさせる先行要因として、親の養育や虐待、近隣環境の機能不全、仲間集団との相互作用などが報告されています。反社会的問題行動を低減するためには、社会的問題解決ソーシャル・スキル・トレーニングや親の管理能力トレーニングなどが有効であることが確認されています。

■ 3. 非行を未然に防ぐために

　先述の通り、子どもたちの反社会的行動を低減する狙いのもとに、学校現場や臨床支援の場ではソーシャル・スキル・トレーニングや感情コンピテンス育成の取り組みなどが着々と効果を上げています。しかしその一方で、非行少年の再犯者率の高さは依然として変わらず、少年非行の予防的介入に対する難しさが指摘されています。非行をする青年とそうでない青年との比較から、非行をする青年は自己価値が低い傾向にあることが報告されている (西野ほか，2009) ことなどを勘案すると、子どもたちの承認欲求を満たすことができ、子どもたち一人ひとりが「自分はかけがえのない存在である」と思えるような環境を整えることも非行予防に向けた介入に重要な視点ではないでしょうか。また、発達的に対人関係の困難さを抱えやすい子どもには、場面ごとに適切なスキルを選択できるように根気よく指導することが必要でしょう。

　さらに最近では、対人関係におけるデジタルコミュニケーションの隆盛により、子どもたちから言語機能や他者の感情を理解するトレーニングの機会を奪ってしまっているのではないかという懸念も拭えず、子どもたちが社会のなかで適応的に生きていくためには、周囲の大人たちが積極的に子どもたちと話す機会をもつことも大切な支援のひとつであろうと思われます。

（西野　泰代）

［引用文献］

Crick, N.R., & Dodge, K.A. (1994). A review and reformulation of social information-processing mechanisms in children's social adjustment. *Psychological Bulletin, 115*, 74-101.

清永賢二 (2013)．いじめの深層を科学する　ミネルヴァ書房

西野泰代・氏家達夫・二宮克美・五十嵐敦・井上裕光・山本ちか (2009)．中学生の逸脱行為の深化に関する縦断的検討　心理学研究, *80*, 17-24.

［参考文献］

橋本和明 (2004)．虐待と非行臨床　創元社

警察庁生活安全局少年課 (2017)．平成 28 年における少年非行、児童虐待及び児童の性的搾取等の状況について

友田明美 (2016)．被虐待者の脳科学研究　児童青年精神医学とその近接領域, *57*, 719-729.

■■ 第4節 ┃ 無 気 力

　文部科学省は中央教育審議会の答申において、「学業にも職業にも無気力な子どもが増えている」ことを指摘しています。平成 27 年度「児童生徒の問題行動等生徒指導上の諸問題に関する調査」では、ここ数年、小中学校における不登校児童生徒の数が増加傾向にあること、また、不登校の要因 (本人に係る) として「無気力の傾向がある」が、小学生 (公立) で 28.7%、中学生 (公立) では 31.0% でもっとも高い割合を示したことが報告されました (文部科学省, 2016)。

　無気力について、広辞苑第 6 版では「積極的に物事をしようとする意欲に欠けること」と説明されていますが、無気力な子どもが存在する背景には何があるのでしょうか。

■ 1. 無気力の背景にあるもの

(1) 学習性無力感 (learned helplessness)

セリグマンとマイヤーは、無力感が経験のなかで学習 (獲得) されることを実

験により証明しました (Seligman & Maier, 1967)。やる気のなさや無気力は、失敗経験が続くことにより、獲得されるというものです。人がある行動を起こそうとする時、その行動を自分がどの程度うまくできそうかという予測（効力予期）によって、その行動の生起が左右されます。つまり、失敗経験が続くと、「どうせやっても、またできないだろう」と予測すること（ネガティブな効力予期）により、次の行動が起こりにくいというわけです。

(2) 自己効力感 (self-efficacy) の低さ

自己効力感とは、自分がある状況において必要な行動をうまく遂行できるという感覚を指します。「やればできる」という経験を積み重ねることで、子どもたちの自己効力感が育まれます。そして、自己効力感があることにより、適切な（達成可能な）目標を設定することができ、さらなる成功体験を積むことが可能になります。一方で、度重なる失敗を経験することにより、「やればできる」という自己効力感を育むことができず、「どうせやっても、できないだろう」と諦めたり、不適切な目標を設定することでさらに失敗経験を重ねたりという負の連鎖を生むことにもなります。

(3) 努力することの意味

近年、社会において「学力と学歴が人の値打ちを決める」というような「価値の一元化傾向」が徐々に弱まってきたとはいえ、依然として学歴偏重の風潮は存在します。教育熱心な家庭で育つ子どもにとって、親の過度な期待が重圧となることも珍しくありません。そのため、努力したり、頑張ってもその先に価値のある目標を子ども自身が見据えていない場合や、その努力や頑張り自体を認めてもらえない場合が少なくありません。その結果、子どもは「やる気」をなくし、無気力な子どもになってしまうことがあるのです。

(4) 自己原因性の抑圧

子どもの気持ちや状態を理解しない不適切な大人の対応や過剰なかかわりが、「行動の主体は自分である」という気持ちを子どもたちから奪ってしまうことにより、みずから行動しようとしない子どもをつくり出します。大人の言うままに動くのではなく、子どもが「自分の意志で行動している」と思えることが、「やればできる」といった自己効力感を育む経験につながり、あらたな

行動への動機を生み出すのです。

■ 2. 無力感を克服するために

無力感を抱き、努力することに意味を見い出せず、努力しても無駄と思っているような子どもや、「やる気」をもてず無気力になっている子どもに、いかにして努力する気持ちや「やる気」をもたせられるのでしょうか。

(1) 努力の有効性

「努力したらうまくできた（成功した）」という経験を子どもにさせることで、子ども自身が自分の有能さに気づくことが大切です。

具体的に、どのようにすれば、子どもに「うまくできた」という経験を積ませてあげることができるのでしょうか。まず、「努力の仕方を改善する」ことです。努力してもうまくいかない（成功しない）のは、採るべき方法を誤ったり、適切でないやり方をしたことに原因があるかもしれません。子ども自身がより良い方法に気づけない場合には、周囲の大人が指導を工夫することで、子どもに「できる」体験をさせてあげましょう。

次に、「目標を高く設定しすぎない」ことです。本人が少し頑張って到達できるような目標を設定したり、目標を小ステップ（段階的に）にしたりすることで、子ども自身が「成果があった」と感じられるようにすることが大切です。努力をしても失敗が続くようであれば、本人の現実に見あった目標に変えることも必要でしょう。

さらに、「努力を認める多様な基準をもつこと」です。学習に対してだけでなく、さまざまなことに向けられる努力に対して成果を認めることが大切です。また、他者と比較した相対的な評価をするのではなく、子ども本人がどれだけ達成できたのかといった**到達度評価**や**個人内評価**を用いて、努力を認め、それを本人にフィードバックすることで本人が努力をしたことに対する達成感をもてることが重要です。

(2) 原因帰属の仕方

失敗が続くことで自信を失い、うまくいかないのは自分の能力不足に原因があると考え、次の行動を起こす気力が生まれてこないことがあります。そう

いった様子の子どもに対して、「やり方を工夫してみたら、次はうまくできるよ」といったような声かけをするなど、失敗を能力不足のせいにしないよう、原因帰属の仕方を変えさせることも重要です。失敗の原因が「努力してもどうにもならない」ところにあるのではなく、失敗は努力の仕方に問題があったためであり、それまでと異なる努力をすることによって「成功が得られる」と思えることが次のあらたな行動への動機づけとなります。

(3) 自律性の尊重

子どもが「やればできる」という気持ちをもてるようになるためには、まず、自分の行動が「自分の意志でなされた」と思えることが必要で、さらにその上で、その行動に伴って成果があった時に効力感が生まれます。

そのため、周囲の大人は、自分たちの思惑通りに子どもを動かそうとするのではなく、子どもがその行動を自分で選び、自分の力でできたと思えるくらいの援助や（場合によっては）行動の方向づけをすることが、子どもの「やる気」を育む上でとても大切です。

(4) 主体性の尊重

自分で「することの意味」を感じられない学習や仕事を課せられても、なかなかやる気が起こらないということは、私たちにとって日々の生活のなかでそれほど珍しいことではありません。自分にとって重要と感じられることや、自分から進んで取り組みたいと思えることを目前にすると、やる気が沸々と湧き上がってくるという経験を私たちは少なからずもっているのではないでしょうか。

子どもは、「自分にとって重要と感じられる行動」に取り組み、その行動を通して達成感や成功体験を味わうことで、「やればできる」という自己効力感を獲得します。子ども本人が「やろう」「やりたい」と思う行動を選択することのできる環境を整えることが重要です。

「主体性を尊重する」ことは、たとえば、不登校の子どもを支援する際にも考慮されるべき視点です。教師やカウンセラー、保護者、関係機関の専門家などがチームを組んで子どもの支援を進めるなかで、大人たちだけで支援計画を考案するのではなく、子ども本人が「どうしたいのか」という子どもの

第4節　無　気　力　｜　87

主体性を尊重した支援の方向性を探ることが、学校生活のなかで疲弊した子どもの「枯渇したエネルギー」を少しずつ回復させることにつながります。

(5) 他者との関係性

他者から無条件に受容され肯定される経験や、他者とのあたたかい交流を通して、人は自分自身を肯定的にとらえることができ、物事に対して前向きに取り組むことができるようになります。図3-4は、小中学生（小学4年生から中学3年生）を対象とした調査結果です。ここから、「人の役に立てている」と思える程度（**自己有用感**）が高い子どもたちは、そうでない子どもたちと比べて、自分に満足していたり、問題が起きた時にそれを解決するために何かをしたりすることが統計的に有意に多いことが示されています。

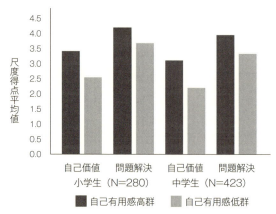

図3-4 自己有用感の高低による自己価値観と問題解決力の高さ
（2016年に調査を実施。群間の差はすべて0.1％水準で有意）

人は、自分を取り巻く環境や他者に影響を及ぼしうる存在でありたいという思いをもっており、たとえば、自分の行動がだれかの役に立ち、喜んでもらえた時、私たちはみずからの有能さを感じ、そして、その行動を行うことを決めた自分に誇りをもてるのです。褒められたり、お金をもらったりというような外的報酬のためではなく、みずからがその行動をとりたいと思えるような「**内発的動機づけ**」が生じるのは、**有能感**と自己決定感への欲求に基づいているのです。

■ 3.「やる気」を育むかかわり

「落ちこぼれ」という心ない言葉を、（学校教育の場で）耳にすることがあります。子どもは好き好んで「落ちこぼれ」るわけではありません。むしろ、「落

ちこぼされて」いると言った方が適当かもしれません。子どもは、本来、好奇心旺盛で、きらきらと瞳を輝かせ、周囲のあらゆるものに関心を寄せ、いろいろなことに挑戦しようとします。そんな子どもたち一人ひとりの「やる気」を損なわないようにするために、周囲の大人たちは、子どもの主体性を尊重し、「やればできる」という経験を通して、子どもが有能感と自己決定感を得られるようなかかわりを心がけたいものです。

（西野　泰代）

［引 用 文 献］

文部科学省（2016）．平成27年度「児童生徒の問題行動等生徒指導上の諸問題に関する調査」

Seligman, M.E.P. & Maier, S.F.（1967）．Failure to escape traumatic shock. *Journal of Experimental Psychology, 74,* 1-9.

［参 考 文 献］

Deci, E.L. & Flaste, R.（1996）．Why We Do What We Do : Understanding Self-Motivation. London: Penguin Books.（デシ，E.L.・フラスト，R.，桜井茂男（訳）（1999）．人を伸ばす力──内発と自律のすすめ──　新曜社）

Peterson, C., Maier, S.F. & Seligman, M.E.P.（1993）．Learned Helplessness : A Theory for the Age of Personal Control. Oxford University Press.（ピーターソン，C.・マイヤー，S.F.・セリグマン，M.E.P.，津田彰（訳）（2000）．学習性無力感──パーソナル・コントロールの時代をひらく理論──　二瓶社）

■ 第5節 ‖ 自　　殺

■ 1. 子どもの自殺の実態

　子どもの自殺は、亡くなった子ども、遺された家族や友人などの深い苦悩や悲嘆を伴う痛ましいものです。そのため、**自殺予防**が最も重要ですが、それには自殺の問題をまず正確に理解することが必要です。そこで、わが国における子どもの自殺の実態を統計データでみてみましょう。

　19歳以下の子どもの自殺はこの10年、500〜600人前後、全死亡数の1割前後を占め、大きな変動はありません。自殺の動機・原因の推定データ（図3-5）からは、学校での問題に加え、健康問題や家庭問題も自殺の動機・原因に

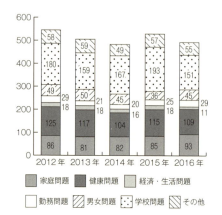

図3-5　19歳以下の子どもの自殺の動機・原因別集計（2012〜2016年）

（厚生労働省「自殺の統計：各年の状況」をもとに作成。遺書等の自殺を裏づける資料により明らかに推定できる原因・動機を自殺者1人につき3つまで計上可能。よって総数とは一致しない。）

なっていることがわかります。より詳細な動機・原因の上位項目を示した表3-2によると、とくに精神面での問題を抱えていると**自殺のリスク**が高まることがわかります。そのため、本人自身と周囲・社会からの理解とサポートが重要です。実際には、**自殺を図る動機・原因**が単一の場合はほとんどなく、いくつもの問題が複雑に関連しあって起こっています。

表3-2　19歳以下の子どもの自殺の動機・原因上位項目（2012〜2016年）

	2012年	2013年	2014年	2015年	2016年
学校問題	180	159	167	193	151
入試・その他進路に関する悩み	61 (33.9%)	64 (40.3%)	62 (37.1%)	69 (35.8%)	62 (41.1%)
学業不振	64 (35.6%)	39 (24.5%)	44 (26.3%)	52 (26.9%)	44 (29.1%)
いじめ・その他学友との不和	20 (11.1%)	33 (20.8%)	30 (18.0%)	32 (16.6%)	26 (17.2%)
教師との人間関係	2 (1.1%)	2 (1.3%)	6 (3.6%)	2 (1.0%)	2 (1.3%)
その他	33 (18.3%)	21 (13.2%)	25 (15.0%)	38 (19.7%)	17 (11.3%)
健康問題	125	117	104	115	109
精神疾患(うつ病,統合失調症等)の悩み・影響	108 (86.4%)	99 (84.6%)	91 (87.5%)	100 (87.0%)	88 (80.7%)
身体疾患・身体障害の悩み・影響	14 (11.2%)	13 (11.1%)	14 (13.5%)	11 (9.6%)	10 (9.2%)
その他	3 (2.4%)	5 (4.3%)	3 (2.9%)	4 (3.5%)	11 (10.1%)
家庭問題	86	81	82	85	93
親子・その他家族関係の不和	47 (54.7%)	35 (43.2%)	37 (45.1%)	55 (64.7%)	52 (55.9%)
家族からのしつけ・叱責・被虐待	19 (22.1%)	26 (32.1%)	29 (35.4%)	24 (28.2%)	22 (23.7%)
その他	30 (34.9%)	20 (24.7%)	16 (19.5%)	6 (7.1%)	19 (20.4%)

（厚生労働省「自殺の統計：各年の状況」をもとに作成。遺書等の自殺を裏づける資料により明らかに推定できる原因・動機を自殺者1人につき3つまで計上可能。よって総数とは一致しない。）

■ 2. 学校における自殺予防対策

　WHO（世界保健機関）による自殺予防ガイドラインには、教師などが自殺予防に関する正しい知識をもつこと、学校における自殺予防教育を実施すること

などが掲げられています。この予防は、**一次予防**（発生の予防）、**二次予防**（悪化の予防）、**三次予防**（再発の予防）の3段階で考えられています。実際の自殺予防の取り組みは、自殺の発生を防ぐ対策（一次予防に該当。**リスク・マネジメント**とも呼ばれる）と、自殺発生後の危機介入と再発防止の取り組み（二次・三次予防に該当。**クライシス・マネジメント**とも呼ばれる）として実施されています。

　文部科学省では、子どもの自殺予防対策として、「子供に伝えたい自殺予防：学校における自殺予防教育導入の手引き」、「子どもの自殺が起きたときの緊急対応の手引き」などを作成して、学校の対応力向上に努めています。

■ 3. 子どもの自殺を防ぐために

(1) 予防教育の実施

　学校における予防教育は、子どもの自殺を防ぐために有効な対策の一つです。先述の文部科学省の手引きのなかの自殺予防教育プログラムは、「早期の問題認識」と「援助希求的態度の育成」を目標として、グループワークを中心に進めることが意図されています。自殺を考えるほどの苦境は、特定の人だけではなく、むしろ誰にでも起こりうることに気づかせ、自殺の危険を示すサインや、周囲の助けを借りながら乗り越える手立てを考えてみるように導くことが重要です。

　一方で、予防教育を行う際には、①関係者や子どもとのあいだの十分な合意（たとえば消極的な子どもの参加の仕方、自殺に関する教育に不安を抱く教師への説明など）、②子どもに特定の価値観や考えを押しつけない適切な教育内容の用意、③フォローアップ体制の整備（たとえば具合が悪くなったら子どもに事後個別に面談の時間をとる、スクールカウンセラーや専門機関につなげるよう準備するなど）などの準備が不可欠です。

(2) 自殺をうかがわせるサインやリスクを見逃さない

　子どもの自殺では、まったく予兆がみられないまま突然起こる場合もありますが、事前になんらかの徴候がみられる場合もあります。表3-3には徴候となりうるリスク要因をあげましたが、子ども自身のこと、家族・周囲のこととリスク要因は多岐にわたり、それらが複数重なった時に自殺の可能性が高まります。とくに、過去に**自殺未遂**がある場合、具体的な自殺の手段を講じている場合は

表 3-3 児童生徒の自殺のリスク要因（複数の要因が重なった時リスクが高まる）（King et al.（2013 高橋他訳 2016）をもとに作成）

児童生徒のリスク要因	家族関係のリスク要因
・これまでに自殺未遂の経験がある	・家族に自殺・自殺行動があった
・自殺念慮（自殺しようと考える、死にたいと思う）や自殺の企図（自殺の道具を揃えたり、場所を下見したりする）がある	・精神障害がある家族がいる（いた）
	・虐待がある（あった）
	・家族間の葛藤、負担感、サポート不足
・精神障害の診断を受けている、あるいは疑いがある（うつ病、双極性障害、パーソナリティ障害、PTSD、不安障害、統合失調症、摂食障害等）	**対人関係・状況のリスク要因**
	・いじめ等の被害
・自傷行為	・親しい友人関係における葛藤や喪失
・感情面の特徴（心理的苦痛、絶望、焦燥）	・孤立、社会的疎外
・性格面の特徴（衝動性、攻撃性）	・辱められる経験や恥ずかしい経験
・性的マイノリティ（LGBT）	・他者（身近な人、マスコミ情報等）の自殺
・睡眠障害、不眠がある	
・学業や進路の困難・悩みがある	

即座に対応しなければならない危険な状態です。自殺の徴候がみられる子どもに対して、直接問いかけるのをためらってしまうかもしれませんが、むしろしっかりと話しあった方が、実効性のある予防につながります。保護者や養護教諭、スクールカウンセラーや医療機関との連携も視野に入れて働きかけます。

表 3-4 自殺についての質問例（King et al.（2013 高橋他訳 2016）をもとに作成）

・あなたがそれほど落ち込んでいるなら、死ぬことを考えたり、いっそ死んでしまいたいと思ったことがあるのではありませんか？
・私が自殺について質問したら、あなたは「別に」と答えました。その答えを聞いて、あなたが自殺について考えているのではないかと私は思いました。
・ひどく落ち込んで、自分を傷つけたいと考えたことがどれくらいありますか？
・あなたは自分の死を思い描いたことはありますか？
・あなたは自殺の衝動を覚えることがありますか？これまでに何回くらいその衝動を覚えたり、いつ（どこで、どのような状況で）この衝動がもっとも強かったでしょうか？
・自殺について考えることを心から払いのけるのはどれくらい難しいですか？
・どのようにして自殺するか考えたことがありますか？
・その（自殺の）計画を実行しようとしたことはありますか？

■ 4. 事後対応：自殺の影響を最小限に

不幸にも子どもの自殺が起こってしまった場合、迅速な事後対応が必要です。直後の**緊急対応**では、①当事者・関係者の救命・救急対応と安全確保（自殺の連鎖の防止策を含む）、②情報管理（正確な情報収集と共有、情報開示の範囲・提供の仕方の共通理解）を最優先で行います。こうした事態にこそ「報告・連絡・相談」を確実に行うことが鉄則です。また、学校では自殺等緊急案件における対応マニュアル等がある場合が多いので、それをふまえ教員間で一致した行動をとることも重要です。

友人の自殺のような衝撃的な出来事に対する反応として現れる心身の不調は、子どもによって出方や出るタイミングが違います。支援者自身が落ち着いて受けとめ、長期的な観点でかかわることが必要です。

保護者や教師は、みずからも深く傷ついている当事者でありながら、さらに子どものサポートを担う立場であるため、想像以上に強いストレスと緊張感にさらされます。子どもの自殺の事後対応は、一個人、一学校で抱え込むにはあまりにも重大です。学校内での連携だけでなく、地域の専門機関との連携・協働も視野に入れ、当事者が燃え尽きてしまわないようなサポート体制づくりを心がけましょう。

（若本　純子）

表 3-5　事後サポートの要点（大阪教育大学学校危機メンタルサポートセンター（2011）をもとに作成）

児童生徒へのサポート
・心身の不調は「正常な反応」であることを伝える
・気持ちや感じていることを、おのおののやり方やタイミングで表現してもらう（表現しないことも認める）
・安易な励ましや意味づけ、気持ちの決めつけや押しつけをせず、落ち着いて話を聴き、受けとめる
保護者へのサポート
・子どもの状態に関して心理教育を行う
・十分な情報提供
・保護者が相談できる体制づくり（窓口の設置、専門機関との連携）
教師へのサポート
・トラウマや悲嘆に対する心理教育を行い、以下のような状態に陥りやすいことを知ってもらう
・混乱や疲労により、冷静な判断が難しくなったり、極端な考えに陥りやすくなる
・強い責任感から罪悪感を抱きやすい
・二次的ストレスのリスクが高い
・教師間、他職種とのわかち合いなど、セルフケアに努め、必要ならば専門機関も利用する

[引 用 文 献]

King, C. A., Foster, C. E., & Rogalski, K. M. (2013). Teen suicide risk: A practitioner guide to screening, assessment, and treatment. (高橋祥友(監訳)高橋晶・今村芳博・鈴木吏良(訳)(2016). 十代の自殺の危険：臨床家のためのスクリーニング，評価，予防のガイド　金剛出版)

文部科学省 (2014). 子供に伝えたい自殺予防：学校における自殺予防教育導入の手引き
http://www.mext.go.jp/component/b_menu/shingi/ toushin/_icsFiles/afieldfile/2014/09/10/1351886_02.pdf

文部科学省 (2016). 子どもの自殺が起きたときの緊急対応の手引き
http://www.mext. go.jp/component/a_menu/education/detail/_icsFiles/afieldfile/2016/11/11/1304244_01.pdf

大阪教育大学学校危機メンタルサポートセンター(編)(2011). みまもる・つながる・うけとめる 2(学校における自殺リスクの認知とその対応に関する調査報告)　大阪教育大学学校危機メンタルサポートセンター

[参 考 文 献]

厚生労働省 (2017). 平成 29 年版自殺対策白書　日経印刷
日本学校メンタルヘルス学会(編)(2017). 学校メンタルヘルスハンドブック　大修館書店
高橋祥友 (2014). 自殺の危険(第 3 版)：臨床的評価と危機介入　金剛出版

■ 第6節 ‖ 発 達 障 害

■ 1. 発達障害と学校教育

　現在の教育現場において、発達障害がある子どもへの対応はもっとも喫緊の課題のひとつです。2017(平成 29)年度において周知・徹底がなされた新学習指導要領でも、個々の子どもの障害の状態等に応じた指導内容や指導方法の工夫を、組織的かつ計画的に行うよう記されています。

　この動向は、2005 年施行の**発達障害者支援法**を受けて、2006 年に学校教育法の一部が改定され、2007 年より「知的な遅れのない発達障害も含めて、特別な支援を必要とする幼児児童生徒が在籍する全ての学校において特別支援教育が実施される」(2007 年文部科学省通達より)という経緯をたどって今に至ります。

■ 2. 発達障害とは

　発達障害のある子どもは、「怠け」「反抗的」「わがまま」などと誤解されやすい傾向にあります。その誤解は、発達障害の特質が理解されていないことから生じています。現在、発達障害とは、乳幼児期からその徴候がみられる**先天的な脳機能の障害**であり、**認知的な特異性**がその根本にあると考えられています。より具体的に説明すると、発達障害の子どもは、情報を外界から取り入れる「入力」、情報を保持し操作する「処理」、判断の結果に基づき行動・反応を表す「出力」の3段階の認知プロセス（図3-6）のうち、入力過程（感覚や知覚）、処理過程（記憶や思考，問題解決）、またそれらをつかさどる脳の機能に特異性があり、結果的にちょっと変わった行動をとってしまうのです。

　たとえば、情報を取り入れる際の、ある対象に対して意識を明瞭に焦点づける「**注意**」という過程において、発達障害の子どもは注意の容量自体が小さかったり、持続が難しかったりするほかに、配分の障害（複数のことに同時に注意を配分するのが難しい）、選択性の障害（適切な対象に向けられない、切り替えが難しい）を抱えていることがあります。ここには、発達障害を特徴づけるといわれる感覚の鋭敏さ（熊谷，2017）も関連していると考えられます。

　一方、考えたり判断を下したりする際に、一時的に情報を保持しておく記憶を**ワーキングメモリ**と呼びます。ワーキングメモリには**言語性**と**視空間性**の2種類があります。言語性のほうでは、音や声の情報を、心のことばとして操作します。一方、視空間性のほうでは、画像・映像情報を心のイメージとして操作します。そして、入力された情報の振り分けや、情報の橋渡しやつなぎなど

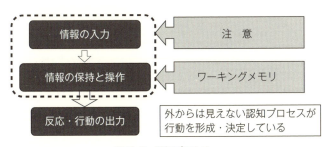

図3-6　認知プロセス

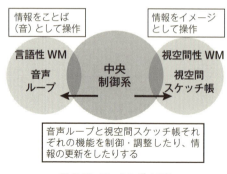

図 3-7　ワーキングメモリ
（坂爪・湯汲（2015）を参考に作成）

双方を制御する働きをするのが中央制御系と呼ばれます（図3-7）。発達障害の子どもは、そのひとつ、あるいはすべてに不調が見られます。言語性が不調である場合には人の話を覚えていなかったり、言葉や文の理解・表現が苦手であったりします。視空間性が不調の場合には図形が苦手、道に迷う、読み飛ばし、文字を整えて書けないなどの困難がみられます。中央制御系が不調の場合には、一度に、あるいは同時に課題を処理できない、代案が浮かばない、計画的な行動が苦手など、いわゆる実行機能の問題を抱えています。

発達障害者支援法では、発達障害を、自閉症、アスペルガー症候群その他の広汎性発達障害、学習障害、注意欠陥多動性障害、その他これに類する脳機能の障害としています。この法律の施行後、精神障害の診断マニュアルDSMが改訂され（アメリカ精神医学会, 2013/2014）、診断名が変更になりました（表3-6）。本節ではDSM-5に則り、各発達障害の障害特性、ならびにそれが生活場面においてどんな困難をもたらすのかみていきましょう。

表3-6　発達障害者支援法（2005）とDSM-5（2013/2014）の発達障害の対応

	DSM-5	学校教育（発達障害者支援法）
発達障害	自閉症スペクトラム障害（症）（ASD）	自閉症
		高機能自閉症
		アスペルガー症候群
	限局性学習障害（症）	学習障害（LD）
	注意欠如多動性障害（ADHD）	注意欠陥多動性障害（ADHD）

（1）自閉症スペクトラム障害

自閉症スペクトラム障害とは、社会的コミュニケーションおよび対人的反応

に困難や特異性があり、行動、興味、活動が限定され反復的であるために、社会生活に困難をきたす障害です。表3-7に示したようなさまざまな症状や困難がありますが、その程度に明確な区切りがなく、その臨床像はきわめて多様です。そこから、自閉症の特性を示す臨床像を、重度から軽度まで連続したスペクトラム（連続体）としてとらえることになりました。

表3-7　自閉症スペクトラム障害

社会的コミュニケーションおよび対人的反応の困難や特異性
相互の対人的―情緒的関係が欠落（人とのコミュニケーションをしない、応じられない、対人場面で異常に近づく、ちょっとした会話が難しい、相手と興味・情動を共有することが少ない等）
非言語的コミュニケーション行動を理解、使用することが難しい（まとまりの悪いコミュニケーションスタイル、アイコンタクトや身振りが理解できない、使い方や表現の仕方が奇妙）
人間関係の発展、維持、理解が難しい（文脈に応じた行動ができない、見立て遊び・象徴遊びができない、仲間に対して興味がない等）
行動・興味・活動が限定され反復的
常同的または反復的な身体の運動、物の使用、会話（おもちゃを一列に並べ続ける等単調な常同運動、反響言語、独特な言い回し等）
同一性への固執、習慣への頑ななこだわり、言語的・非言語的な儀式的行動（変更に対する極度の苦痛、同じ食べ物しか食べない等）
感覚刺激に対する過敏さ、鈍感さ、並外れた興味（痛みや体温に無感覚にみえる、特定の音や触感に逆の反応をする、光や動きを見ることに熱中する、過度に物を嗅いだり触ったりする等）

(2) 限局性学習障害 (LD)

学習障害とは、全般的な知的障害がないにもかかわらず、学習活動に必要な、

表3-8　学習障害

タイプ		学習場面におけるつまずきの内容
口頭言語のLD	聞く	聞きもらしや聞き間違いが多い、言われたことの意味が理解できない
	話す	発音しにくい音がある、スムーズに話せない、指示語を多用する
書字言語のLD	読む	たどたどしく読む、読み間違いが多い、勝手読み、飛ばし読み
	書く	時間がかかる、形の似た別の字を書く、鏡文字、漢字の理解が困難
算数のLD	計算する 推論する	暗算が苦手、筆算の方法が一度覚えても定着しない、図形（特に立体図形）の理解が困難、形や空間をとらえることが難しい、理論的思考が困難

第6節　発達障害

聞く、話す、読む、書く、計算するまたは推論する能力のうち、ひとつ以上に困難を伴う障害です。児童期に入り、教科の学習が始まることで、その存在が明らかになることが多い障害です。

(3) 注意欠如多動性障害 (ADHD)

ADHD では、注意集中が難しいことと、多動・衝動的であることのどちらか、あるいはどちらもみられる場合があります。LD や自閉症スペクトラム障害と重複して現れる例も少なくありません。

表 3-9　注意欠如多動性障害

不注意	多動性	衝動性 (≠暴力性・攻撃性)
・他のことに気をとられやすい ・注意力が散漫 ・活動に集中できない ・注意を持続することが困難 ・不注意な過ちを犯す ・自分の仕事や道具等を忘れる	・手足を動かしたり、椅子の上でもじもじする ・たびたび席を離れる ・はしゃぎすぎる、しゃべりすぎる ・不適切な状況で走り回ったり、高い所へ登ったりする ・何かに動かされているように行動する	・質問が終わる前に出し抜けに答える ・列に並んで順番を待てない ・他人を妨害し、じゃまをする ・他人の会話に割りこむ

■ 3. 発達障害のある子どもに適切に関わるための留意点

発達障害は生まれながらの障害ですが、周囲の適切なかかわりや指導・支援によって、日常生活における困難は改善・軽減できます。教育現場において発達障害のある子どもに適切にかかわっていくために、以下に留意する必要があります。

(1) 個別性を前提に

発達障害の状態像はきわめて多様です。したがって、「○○障害にはこうかかわればよい」といったマニュアルはありません。一人ひとりの子どもの状態を、問題行動の羅列としてではなく、その背景となる感覚面、思考・判断、対人認知なども含めて丁寧にとらえていきます。かかわりは、できることを増やすことと、不適切なかかわりを適切なかかわりに代替することを主眼として、子どもの状態像に応じて工夫します。

98　第3章　教育相談で知っておくべき子どもの問題と対応

(2) 二次障害への配慮

　発達障害のある子どもにとっては、自分の感じ方やふるまい方が「当たり前」ですので、それを無理に変えさせようとするのは、本人の人格を否定するのと同じです。発達障害がある子どものなかには、本人の障害特性を理解してくれない大人から度重なる叱責を受けたり、子どもたちからのいじめに遭ったために、不登校になったり、自尊感情が低下した子どもたちがいます。これを、発達障害特性があることで別側面に問題が現れたという意味で**二次障害**と呼びます。たとえば、実は発達障害特性に由来する学業や友人関係のトラブルを、教員が理解しないで叱ったことから、子どもが不登校になってしまっていたなどの例があります。

(3) 生涯発達の視点で

　昨今、社会人になってはじめて自分が発達障害であったことに気づく「おとなの発達障害」が注目を集めていますが、発達障害の支援に**長期的な視点**が必要であることを示唆する事象といえるでしょう。発達障害の障害特性は先天的であり、一生涯つきあっていくものです。支援する側も**生涯発達**の視点をもち、タテの連携（たとえば学校間の接続、進路指導や就職支援における特性の考慮）とヨコの連携（たとえば保護者との協働）のもとで支援を進めていくことが不可欠です（若本・山下・福永, 2015）。

（若本　純子）

［引 用 文 献］

American Psychiatric Association (2013). *Diagnostic and statistical of mental disorders.* 5th ed. Arlington, VA. （アメリカ精神医学会．高橋三郎・大野裕（監訳）(2014)．DSM-5 精神疾患の診断・統計マニュアル　医学書院）

熊谷高幸 (2017)．自閉症と感覚過敏──特有な世界はなぜ生まれ、どう支援すべきか？　新曜社

坂爪一幸・湯汲英史 (2015)．知的障害・発達障害のある人への合理的配慮：自立のためのコミュニケーション支援　かもがわ出版

若本純子・山下みどり・福永真理奈 (2015)．発達障害のプラクシス⑤発達障害支援における連携の課題──2つの事例の検討を通して──　鹿児島純心女子大学大学院人間科学研究

科紀要，10，59-74．

［参 考 文 献］

国立特別支援教育総合研究所（2014）．共に学び合うインクルーシブ教育システム構築に向け
た児童生徒への配慮・指導事例　ジアース教育新社

下山晴彦・村瀬嘉代子・森岡正芳（2016）．必携発達障害支援ハンドブック　金剛出版

【児童主体のいじめ防止活動】 本校が実践したを紹介します！

1．児童主体のいじめ防止教育とは

　児童が能動的にいじめを防止活動する教育です。同時に、正義を為すことができるおとなになるための「キャリア教育」にもなっています。

2．実践した理由

　文部科学省のいじめの定義では、「いじめか否かの判断は、いじめ被害者側の感じ方」になっています。ただ、感じ方には個人差があるため、いじめゼロは困難です。いじめは、子どもが子どもに行う行為でおとなに見えない部分があります。そこで、いじめに対し、従来の対応に加え、「いじめノー」の行動をする子どもが増えれば、学校はいじめが発生しにくい環境になると考え実践しました。教師は、子どもの意見を尊重し活動を支援する、という役割に徹しました。

3．活動内容

　① 声かけパトロール（「みんなで、いじめをなくしましょう」の掛け声で行う校内巡回）
　② 「しぐさ」活動の実践（「思いやり」や「優しさ」を感じる行為を行う）
　③ ブロードキャスティング（校内の嬉しい出来事やいじめ関連の昼の放送）
　④ いじめ相談・思いやり報告ポスト、いじめ防止標語作り
　⑤ いじめ防止サミット（他校の児童とのいじめ防止活動の会議）
　⑥ フラッシュモブ（予告なしで音楽を流し、それに合わせてみんなで踊る）
　⑦ 楽しいイベント（夜の学校探検、一発芸大会、ゆるキャラ活動等）

4．教師側の留意点

　① おとなの考えを押しつけず、子どもを支援する。
　② 楽しさを重視した活動を見守る（楽しければ仲良くなりいじめも減る）。
　③ 正義の押しつけに注意する（いじめ防止活動が正義の活動であるがゆえに、活動の押しつけが起きる可能性があり、これ自体がいじめになる）。

5．最後に

　従来、いじめ防止教育は心の育成が主でした。本校では、子どもを主体にしいじめ反対の子どもが多数になるような学校作りをしました。その結果、いじめの芽が出た段階で、子ども同士が解決する状況になり、いじめに発展することがなくなりました。子どもたちはすばらしい。子どもに感謝です。

（仲野　繁）

スクールカウンセラーの つぶやき

【チーム学校としてのスクールカウンセラーとは？】 スクールカウンセラーとして勤め始めて早数ヵ月。最初は戸惑ってばかりでしたが、やっと仕事にも慣れ始めました。そのなかで新人ながらも思うこと、考えていることについて書き留めたいと思います。

　現在私は、2校の中学校で勤務しています。私の学校では、先生以外に、毎日相談室にいる相談員、地域で子どもたちを見守る地域の相談員、スクールソーシャルワーカーなどが配置されています。そこで思うのは、私はスクールカウンセラーとして何ができるのか、立場はどうあるべきなのか、ということを考えています。たとえば相談員のように、毎日子どもや先生と関わるわけでもなければ、地域で常に子どもたちを見守っているわけではありません。週1回のなかで、子どもたちと関係を作っていく難しさと、相談員と違い、スクールカウンセラーとして何ができるのかということについて、考える時間が多くなっています。

　この答えを導くのは難しいと思いますが、先輩スクールカウンセラーや相談員の方とのお話のなかで、少しずつわかってきたこともあります。1つ目は、限られた時間だからこそ、普段なかなか話せないようなことを話せるよう、雰囲気づくりが大事である、ということです。時々相談室に来る生徒のなかには、私を「珍しい人だ！」と言い、近況を楽しそうに話してくれる生徒もいます。先生や相談員とは違い、少し違う立場の大人だからこそ、話せることもあるように私は感じ始めています。2つ目は、連携を大事にし、動くことの大切さです。先ほどは「先生や相談員とは異なる、少し違う立場の大人」と述べましたが、学校にいる以上は、チーム学校の一員です。そこで、やはりスクールカウンセラーとしてどう動くべきか、常に情報共有や連携は大切だと考えています。先生の業務量は膨大で、コミュニケーションの時間がなかなか取れないこともあります。しかし、たとえば職員室にいる時間を長くしたり、すき間時間を見つけて話したりと、工夫次第で解決可能なことも多いと思っています。コミュニケーションを大事にし、お互いの意見や考えを尊重しながら、引き続き子どもたちの健やかな未来のための一助になるよう、今後も精一杯頑張りたいと考えています。

（藤野　沙織）

CHAPTER 4

知っておきたい
アセスメントと関わる技法

■ 第1節 ‖ アセスメント

■ 1. アセスメントの定義

アセスメントとは、「臨床心理学的援助を必要とする事例（個人または事態）について、その人格や状況および規定因に関する情報を系統的に収集、分析し、その結果を総合して事例への介入方針を決定するための作業仮説を生成する過程」のことです（下山，2003）。学校教育においては、子どもの困難な状況に関する情報を収集・分析し、指導・援助の計画を立てる過程のことといえます。アセスメントとは「過程（プロセス）」であり、指導・援助を行う前のみでなく、指導・援助しながらも行われます。その過程を通して子ども理解が随時更新されていきます。

アセスメントと混同しやすいものに医師等による「診断」があります。アセスメントの目的は事例への介入方針の決定であり、必ずしも診断を必要とはしません。しかし、診断があることによって事例への理解が進み、より適切な援助方針を立てることができるともいえます（石隈，1999）。

アセスメントは一人ひとりの子どもに適した方法で指導・援助を行うために必要です。指導・援助における教師の勘と経験はキャリアを重ねるなかで得られる貴重なものですが、勘と経験ばかりに頼った指導・援助では一人ひとりの個性を見落とす危険性があります。そこで、アセスメントに関する理論や具体的な方法を学ぶことが不可欠です。

■ 2. アセスメントが必要な時

学校で子どもを指導・援助する際にアセスメントが必要になる場面は、「気

づく、深める、確かめる」と覚えておくとよいでしょう。

(1) 子どもの困難な状況に「気づく」

学校生活で大きな困難を抱えている子どもを早期に発見できると、子どもの困難な状況が大きくなりすぎる前に指導・援助しやすくなり、結果的に子どもにとっての負担が小さくなります。教師が子どもの困難さに気づくために、「**援助要請感受性**」を高めることが重要です。援助要請感受性とは子どもの「助けてほしい気持ち」に適切に気づける能力のことです（本田・本田，2014）。この能力の特徴は、教師に援助を求めたり相談したりする生徒のみでなく、困難さを抱えながらも相談しない（できない，ためらう）子どもにも教師が気づけるかどうかを問題にしている点です。とくに子どもの「いつもと違う」様子に気づけることが重要です。そのためには教師が子どもの「いつもの様子」を知っていることと、細やかな観察力が求められます。近年の実態調査を見ると、悩みを抱えていながらもみずから相談しない子どもは決して少なくありません（たとえば，ベネッセ教育総合研究所，2010）。本田・本田（2014）の研究では小学生の保護者の援助要請感受性を検討しており、今後は教師を対象とした研究が待たれます。なお、学校教育では発達段階に沿って子ども自身に援助を要請する（相談する）力を育むことを目指します（本田，2017a）。子どもの困難さに気づくための具体的方法は次項で紹介します。

(2) 心配な生徒の理解を「深める」

困難な状況にいる子どもに気づいた後には、その子どもに関する情報を収集・分析し、子どもについて理解を深めます。その際に、子ども自身の情報（好きな教科、友人の有無、将来の夢など）のみでなく、子どもを取り巻く環境の情報（家庭環境、学級の雰囲気など）も収集すると具体的な指導・援助を考える上で重宝します。

子どもを理解するために有用な心理学の知見はさまざまあります

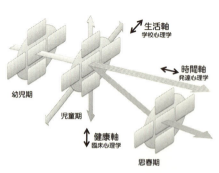

図4-1　多面的理解モデル（本田，2017bより引用転載）

が、本田 (2017b) は学校心理学、発達心理学、臨床心理学の３点から子どもを理解するための**多面的理解モデル**を紹介しています (図 4-1)。

また、複数の教師や保護者とともに子どもの情報を共有すると多面的に子どもを理解することにつながるだけでなく、その後の指導・援助も複数の教師・保護者で行いやすくなります。

(3) 指導・援助の結果を「確かめる」

困難な状況にある子どもに気づき、子ども理解を深めた後には、それらのアセスメントに基づいた指導・援助が行われます。教師が行った指導・援助の結果を「確かめる」こともアセスメントの一部です。

指導・援助の結果や効果を知るためには、指導・援助の前の状態と後の状態を比較できる情報 (データ) を集める必要があります。言い換えれば、指導・援助の前に評価可能なデータを押さえることで指導・援助の結果を判断しやすくなります。情報収集の仕方には調査法、観察法、面接法などがあり、次項で解説します。

(4) 事　　例

教師がアセスメントしながら指導・援助を行った事例 (創作を加えた事例である) を最後に紹介します。

　中学１年生のＡさん (男子) は友だちが多く元気な生徒だが、勉強が苦手である。とくに英語が苦手で授業についていけず、しだいに他の教科への意欲も下がってきた。試験の成績も学年で下位の方であった (「気づく」)。

　生徒の様子が気になった担任教師 (英語科) はＡさんについて詳しく情報を集めた。学年の教師で話しあったところ、Ａさんは心身ともに健康で中学校では遅刻・欠席していないこと、友だちとのかかわりを楽しんでおり、他の生徒にも親しまれていること、成績は良くないが理科や体育が好きなこと、社会や国語は生徒同士で話しあう時間は楽しんで参加すること、英語は苦手で授業時に私語が多く注意されること、などがわかった。担任が面談した時には「将来は家を継ぐから、難しい勉強は必要ない」と言った。保護者によれば、Ａさんは小学校の時から勉強が苦手で夏休みや冬休みの宿題をいつも遅れて提出していたこと、土日は家業の商店を自分から手伝い、お客さんとも緊張せずに話せること、「高校を卒業したら家のお店を継ぐ」と言っていること、がわかった。これらの情報を総合すると、Ａさんの今の課題は学習意欲と成績の低下であり、とくに英語において顕著であることと理解された。その背景として、Ａさんは人と関わることが好きで将来の仕事にも活

第 1 節　アセスメント

かしたいと思っているが、もともと勉強が苦手な上に家の仕事を手伝うなかで教科の学習の必要性を感じられず、学習への意欲がますます低下したと考えられた（「深める」）。

　そこで、教師はＡさんの良いところを生かしつつ課題への取り組みを促す援助を検討した。具体的には以下の２つであった。第１に、担任教師が行う英語の授業ではＡさんの集中力が切れやすい時間帯に生徒同士で話しあう時間を取り入れ、集中力が持続しやすいように展開した。第２に、Ａさんのお店のある商店街を含む市内では１年前から、隣町の観光地に来る外国人観光客を積極的に呼び込んでいたことから、外国人が市内や商店街を歩く姿が増え始めていた。そこで、英語の授業では「地域で外国人と話す状況」を生徒にあげてもらい、生徒同士で練習する時間を毎回短時間ではあるが取り入れた（指導・援助）。

　その結果、英語の授業ではＡさんの笑顔や（雑談ではなく）授業に関する言動が以前よりも多く観察され、また「『いらっしゃいませ』って、英語で何て言うんですか？」と接客に使える英語を練習したがるようになった。保護者の話では、Ａさんが商店街を歩いていた外国人に堂々と英語で挨拶をするようになったことがわかった。これらのことから、教師の指導・援助の結果、英語の授業においては学習意欲の向上が確認された。今は、他の教科への学習意欲や学業成績の向上が次の課題として教師と保護者のあいだで検討されている（「確かめる」）。

　この事例を多面的理解モデルに沿ってとらえると、成績や学習意欲の低下という生活軸・健康軸から子どもの困難さに気づき、学習面や社会面（対人関係）などの生活軸、および小学校時の状況や将来への展望という発達軸から理解を深めて指導・援助した。その結果を生活軸や健康軸の点から確かめている。指導・援助ではアセスメントから得られた子どものよいところを生かすことも重要である。

（本田　真大）

［引 用 文 献］

ベネッセ教育総合研究所（2010）．第２回子ども生活実態基本調査報告書　ベネッセ教育総合研究所　http://berd.benesse.jp/berd/center/open/report/kodomoseikatu_data/2009/pdf/data_05.pdf（2014年4月29日）

本田真大（2017a）．いじめに対する援助要請のカウンセリング——「助けて」が言える子ども、「助けて」に気づける援助者になるために——　金子書房

本田真大（2017b）．生徒理解のための心理学——理論と実践の双方向からの多面的理解——　藤田哲也（監修）水野治久・本田真大・串崎真志（編著）絶対役立つ教育相談（pp.11-22）ミネルヴァ書房

本田真大・本田泰代（2014）．小学生の援助要請意図に対する親の知覚に関する探索的検討——

援助要請感受性の概念化の試み── 北海道教育大学紀要 教育科学編, *65* (1), 167-173.

石隈利紀 (1999). 学校心理学 誠信書房

下山晴彦 (2003). アセスメントとは何か 下山晴彦 (編) よくわかる臨床心理学 (pp.34-35) ミネルヴァ書房

■■ 第2節 ‖ 教師が使える、教師が知っておきたいアセスメントの方法

アセスメントの方法はたくさんありますが、ここでは教師の立場で実施しやすいものや、子ども理解において知っておきたいものを中心に紹介します。

■ 1. 調 査 法

調査法とは子ども本人や関係者からの聞き取り (他者評価) として調査に回答することで情報を収集する方法です。大きくは心理検査と、学校での使用に特化した質問紙があります。

(1) 心 理 検 査

検査法は質問紙法、投影法、作業検査法などに分類されます。**質問紙法**とは、質問項目をあらかじめ決めておき、2件法 (「はい」または「いいえ」) や5件法 (「まったくあてはまらない」から「よくあてはまる」まで5段階など) で回答を求める方法です。代表的な質問紙法として、個人のパーソナリティを測定する矢田部・ギルフォード性格検査 (Y-G性格検査) や、対人関係のとり方の特徴を把握する東大式エゴグラム (新版 TEG-II)、個人の健康状態 (抑うつ、不安など) を把握するための各種の心理検査があります。

投影法とは、あいまいで多義的 (非構造的) な刺激を提示し、その反応を分析し解釈する方法です (嶋田, 2000)。あいまいな指示 (教示) を受けて絵を描く方法 (バウムテストなど)、多義的な刺激について答える方法 (ロールシャッハ・テストなど)、提示された不完全な文章に続く言葉を埋める方法 (文章完成法テスト) などがあります。投影法は質問紙法よりも、検査を受ける人が回答結果をどう判断されるか予想しにくいため、意図的に回答を歪めることが難しいという利点がありますが、結果の解釈には熟練を要するという特徴があります。

作業検査法には内田クレペリン精神作業検査があり、簡単な作業課題を与えてその結果からパーソナリティを評価します。ただし、パーソナリティの特定の側面しか把握できないという限界があります (嶋田, 2000)。

これらに加えて、**知能検査**はとくに教師が知っておきたい検査です。発達障害者支援センターなどで実施された子どもの知能検査の結果を保護者が教師に開示し、適切な指導・援助を求めることがあります。代表的な知能検査には、WISC-IV (適用年齢：5歳0ヵ月〜16歳11ヵ月) や田中ビネー知能検査V (適用年齢：2歳〜成人) があります。また、認知スタイルの測定には K-ABC-II (適用年齢：2歳6ヵ月〜18歳11ヵ月) が用いられ、いずれの検査も結果をふまえて学校での具体的な指導・援助に役立てられます。教師は知能検査は実施できないまでも、検査結果や報告書 (所見) を個に応じた指導・援助に活用することが求められます。

(2) 学校での実施に特化した質問紙

学級集団を対象に一斉に実施できる質問紙には Hyper-QU (小学校1年生〜高校3年生対象) があります。これは個人の学級の居心地の良さ、学校生活への意欲、ソーシャルスキルを測定し、かつ、学級集団全体の特徴を把握することができる点が特徴です。アセス (ASSESS) (小学3年生〜高校3年生対象) は学校生活の適応感を測定し、Hyper-QU のように個人と学級集団の特徴を把握できます。これらの他にも、「Y-P アセスメント」(横浜市教育委員会)、「ほっと」(北海道教育委員会) など、自治体が独自に作成した質問紙があります。

■ 2. 観 察 法

観察法とは、基本的には観察対象者の内的表現を要求せず、観察者が第三者的立場から客観的に、対象者の行動を見て、それを記録していく方法です (中島・安藤・子安・坂野・繁桝・立花・箱田, 1999)。たとえば対象者の日常生活場面の行動や製作物 (子どもの絵や作文) の観察です (石隈, 1999)。観察法は対象者の自然な行動を対象にできる点や、行動を観察するため対象者の言語能力の影響を受けにくい点が特徴です (松浦, 2008)。

観察法では具体的な行動として記録することが重要です。たとえば「しっか

りと勉強する」「愛想がよい」「責任感がある」は具体的ではないため、人によってとらえ方が異なります。それぞれを、「宿題に加えて、宿題以外の自習を毎日30分行う」「地域の人と交流する活動時に笑顔で会話する」「自分に割り当てられた作業は期日までに行う」などと表現すると、より具体的になります。具体的に記録することの利点は、複数の教師間で情報共有しやすいことと、子どもの課題を具体的にとらえることで指導・援助の結果を評価しやすくなることです（30分勉強していたのが1時間になった、など）。観察法によって把握できることは主に行動や製作物であることから、子どもの内面理解のためには観察のみでは十分ではありません。そこで、より内面をとらえやすい検査法や面接法と組み合わせて観察法を行い、総合的に子どもを理解していきます。

■ 3. 面 接 法

　面接法は、一定の場所において、人と人とが特定の目的をもって直接顔を合わせ、主として会話を通してその目的を達成しようとすることであり、目的によっては、非言語的要素も加味されます（中島他，1999）。たとえば対象者への面接（本人からの情報収集）、他者への面接（親、教師からの情報収集）などがあります（石隈，1999）。面接法の特徴は、質問への回答で不確定な点があればその場で詳しく尋ねることができたり、時間をかけて丁寧に関わることで対象者の拒否的・防衛的態度を観察したり緩和したりできる点にあります。面接法の難しいところは、面接の目的を明確にしておかないと要点を把握できないこと、一斉に複数の他者から情報を収集することが困難であること、得られた情報の分析や解釈に主観が入りやすいこと、面接者の意図する方向へ回答を導いてしまう危険性が高いこと、などがあげられます（西田・武藤（松尾），2008）。これらの特徴や限界を意識した上で子どもとの面接（面談）を行うことが必要です。

　学校で面接法によるアセスメントを行う場合は、アセスメントと同時に子どもとの信頼関係づくりや指導・援助が行われることが多いです。言い換えれば、教師の観察や子どもに実施した質問紙の結果をふまえて面接し、面接のなかで子どもの内面理解を共感しながら深めていき、指導・援助を行うことになります。そのため教師が面接法を行う局面は子どもの自発的な相談のみでなく、教

師側からの「呼び出し相談」や日常関わる機会を活用する「チャンス相談」など多様な機会をとらえて展開されます（文部科学省, 2010）。

■ 4. アセスメントがうまくいかない時

アセスメントは子ども理解の過程であり、一人ひとりの子どもに合った指導・援助を行う上で不可欠な行為です。しかし、教師が情報を得たいと思っても、子どもから十分な情報を得られないことがあります。たとえば質問紙法の調査に何も回答せずに提出したり、面接をしようと呼び出したが下を向いて何も言わなかったりする子どもに対して、教師としてどうすることが望ましいでしょうか。アセスメントという点からいえば、「何も回答しない」、「下を向いて何も言わない」ということ自体が子ども理解において重要な情報となります。そのような子どもの反応の背景には、「教師とのあいだに信頼関係を築けておらず反抗する意味で何も答えない」、「聞かれている内容が難しかったり抽象的過ぎたりして答えられない」、「聞かれている内容が自分の悩みや自己嫌悪を感じる部分に触れるものであり、答えたくない（直面化を避けたい）」などが考えられます。反対に学級集団に一斉に質問紙法を行った場合には、教師が個々の子どもの回答状況を観察しきれないため、たとえ子どもが回答していても、うその回答をしたり、質問を読み間違えて回答したりしている可能性もあります。そのため、子どもの実態をよく反映した回答なのかどうか、教師の日頃の観察や面接の情報と総合して吟味する必要もあります。

このようにアセスメントにはさまざまな方法があり、教師は各方法の特徴や限界をふまえた上でアセスメントを行いながら指導・援助し、子ども理解を更新していくことが求められます。さらに、1人の教師がアセスメントを行うよりも、他の教師や保護者と情報を持ち寄って子ども理解を深めることも、多面的なアセスメントにつながる点で重要です。

（本田　真大）

［引 用 文 献］

石隈利紀（1999）. 学校心理学　誠信書房

松浦均 (2008).　観察法とは　松浦均・西口利文　(2008).　心理学基礎演習 Vol.3　観察法・調査的面接法の進め方 (pp.7-11)　ナカニシヤ出版

文部科学省 (2010).　生徒指導提要

中島義明・安藤清志・子安増生・坂野雄二・繁桝算男・立花政夫・箱田裕司 (1999).　心理学辞典　有斐閣

西田裕紀子・武藤 (松尾) 久枝 (2008).　調査的面接法の概要　松浦均・西口利文 (2008).　心理学基礎演習 Vol.3　観察法・調査的面接法の進め方 (pp.49-53)　ナカニシヤ出版.

嶋田洋徳 (2000).　性格の特徴を評価する　坂野雄二 (編)　臨床心理学キーワード (pp.40-43)　有斐閣

［参 考 文 献］

上里一郎監修 (1993).　心理アセスメントハンドブック第 2 版　西村書店

■■ 第 3 節 ‖ ピア・サポート

　子どもを取り巻く家庭や地域の人間関係が薄れ、年齢や立場の違う人とのふれあいが減少している現代では、子どもたちは、さまざまな人と関わることや仲間集団のなかでの遊びを十分に経験しないまま幼児期を過ごし、以前に比べて、人間関係を築き維持する力が未発達な状態で学校に入学してくる傾向にあると指摘されています。そのため、集団に入ることや子ども同士の仲間関係をしんどく思う子どもたちが増えているのです。子どもたちの学校適応を助けるためにも、人と関わる力を育成するための計画的、組織的な取り組みが学校教育に求められているといえます。

　一方で、現代の子どもたちは、将来、より一層グローバル化していると予測される社会において、異なる考え方やバックグラウンドをもった他者と上手にコミュニケーションをとり、協働できる関係を構築していかなければなりません。つまり現代の子どもたちにはこれまでの時代よりもずっと高度な対人関係能力が求められることになります。これからの社会を生きる子どもたちの未来のために、こうした力を段階的に育成していく必要があるのです。

■ 1.　ピア・サポートとは

ピア・サポート (peer support) の "peer" は仲間、"support" は支援のこ

とであり、ピア・サポートとは仲間同士の支えあいを意味します。困った時やつらい時など、助けが必要な時にもっとも身近なサポート源となってくれるのは、すぐそばにいる友だちや同輩でしょう。こうした仲間同士の助けあいの力を活用しようとする取り組みは、カナダやアメリカなどの諸外国で発祥したものです。ピア・サポートという名称以外にも、ピア・カウンセリング、ピア・ヘルピング、ピア・チュータリング、ピア・ミディエーションなど、関わる対象や内容によってさまざまな名称が使われています。また、関わる年代もおとなから子どもまで幅広く、いじめ問題、子育て、病気や障害など、さまざまな問題をめぐって、学校や職場や地域の多くの場で活動が展開されています。

　なお、学校教育におけるピア・サポートの取り組みを推進している日本ピア・サポート学会においては、「ピア・サポートの定義」として、次のように示しています。『子どもたちの対人関係能力や自己表現能力等社会に生きる力がきわめて不足している現状を改善するための学校教育活動の一環として、教師の指導・援助のもとに、子どもたち相互の人間関係を豊かにするための学習の場を、各学校の実態や課題に応じて設定し、そこで得た知識やスキル（技術）をもとに、仲間を思いやり、支える実践活動をピア・サポート活動と呼ぶ』（中野・森川・高野・栗原・菱田・春日井，2008）

■ 2. 学校教育へのピア・サポートの導入

　学校教育のなかで組織だったトレーニングが行われ、現在につながるような取り組みの形式ができあがったのは、1970年代のカナダにおいてです（中野・森川・高野・栗原・菱田・春日井，2008）。スクールカウンセラー等の専門家が「友だちの話に耳を傾けること」「友だちとして思いやりを示すこと」など、ごく基礎的な支援技法を子どもたちにトレーニングし、その子どもたちの活動に対してスーパーバイズするシステムとして運営されていました。その後、こうした取り組みはイギリスやアメリカに普及し、さらに世界各地へと実践が広まっていきました。各地域の文化を反映した実践が展開され、アメリカでは人間関係のこじれから子ども同士の問題が発生しやすい実態を受けて、「対立の解消」や「**ピア・ミディエーション**（所定のトレーニングを受けた生徒［ミディエーター］が

中立の立場から対立する仲間の話しあいを助ける活動)」がさかんに行われています。イギリスでは「いじめ」問題の取り組みにおいてピア・サポートの活動が発展しています。学校の雰囲気がポジティブなものに変化したり、問題行動が減少するなどの効果に加え、仲間をサポートして働いた子どもたちの成長(体験を通しての自己理解や他者理解の深化など)も大きいことが注目されています。

　ピア・サポートの実践を特徴づける点として、まず、子どものもつ潜在的な力を掘り起こし、子ども自身の力で仲間同士の思いやりや支えあいにより豊かな学校生活をつくり出そうとしていることがあげられます。仲間関係という資源開発の取り組みともいえるでしょう。また、従来のクリニカルモデルに基づく学校カウンセリングが、治療的アプローチに重点を置いたのに対し、子どもたちの生活上の課題について、仲間の力を借りながら克服したり、深刻な状況を未然に防ぎ、より良い方向に伸展することを目指す、予防的・開発的な活動である点も特徴的です。

■ 3. 日本における実践

　日本の教育現場では、1990年代から取り組みが始められ、現在はかなり浸透しつつあります。日本ピア・サポート学会の研究大会や日本ピア・サポート学会の研究誌である「ピア・サポート研究」などで研究が発表されるだけでなく、さまざまな実践事例を集めた書籍も出版されるようになり(春日井・西山・森川・栗原・高野, 2011)、実践のバリエーションや実践を行う際のポイントがまとめられています。

　日本での実践は、前述したカナダの実践のような形式のほか、学級単位で学級成員全体を対象としてトレーニングが実施される場合も多く、この形式は日本の教育現場にはなじみやすいようです。その場合に扱われる内容としては、ソーシャル・スキルのトレーニングや初歩的なカウンセリング技法など、仲間関係づくりに必要なさまざまな要素を含めてプログラムが組まれる場合もあれば、学級の状態や取り組みの狙いに応じてプログラムが選択されることもあります。たとえば、池島・吉村(2013)では、小学校4年生の1つの学級を対象にクラスの実態に基づき、初歩的スキルである「あいさつスキル」、もめごと解

第3節　ピア・サポート　113

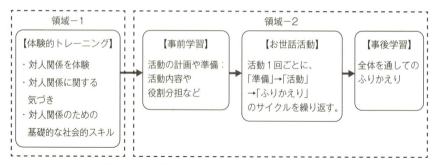

図4-2 「日本のピア・サポート・プログラム」(滝 (2009) より簡略化して引用)

決に役立つスキルである「頼み方スキル」、「もめごと解決スキル」のトレーニングを段階的に実施し、一連のトレーニング終了後には、自発的活動期間を設定して獲得したスキルの自発的な使用を促し強化を与えるなど維持・般化のための働きかけを行い、児童同士でのもめごと解決の力を高めることを目指しています。

　また、「日本のピア・サポート・プログラム」として、体験的なトレーニング(「領域−1」)と実生活での活動(「領域−2」)からなる、組織的な取り組みも提案されています(図4-2)(滝, 2009)。そこでは、異年齢交流活動や縦割りの学校行事など従来から日本の学校教育でさかんに行われてきた活動が、子どもたちが社会性を身につけていく際の動機づけとなる**自己有用感**(他者との関係のなかで、自分の存在を価値あるものとして受けとめられる感覚)」の獲得に有効でありうることに着目しています。すなわち、体験的なトレーニング(「領域−1」)によって活動のための下地となるスキルを育てたのちに、異年齢交流活動や縦割りの学校行事などを活用した活動(「領域−2」)を通して交流活動のポジティブな体験を積ませ自己有用感を獲得させるという、体系的な仕組みといえます。

(三宅　幹子)

[引 用 文 献]

池島徳大・吉村ふくよ (2013). あいさつ・頼み方・もめごと解決スキルトレーニングの学級への導入とその効果に関する研究——多層ベースラインデザインを用いて——　奈良教育

大学教職大学院研究紀要「学校教育実践研究」5, 41-50.

春日井敏之・西山久子・森川澄男・栗原慎二・高野利雄（編著）(2011). やってみよう！ピア・サポート——ひと目でポイントがわかるピア・サポート実践集—— ほんの森出版

中野武房・森川澄男・高野利雄・栗原慎二・菱田準子・春日井敏之 (2008). ピア・サポート実践ガイドブック——Q&Aによるピア・サポートプログラムのすべて—— ほんの森出版

滝充 (2009). 改訂新版ピア・サポートではじめる学校づくり小学校編——異年齢集団による交流で社会性を育む教育プログラム—— 金子書房

[参 考 文 献]

Cowie, H., & Wallace, P. (2000). *Peer support in action: From bystanding to standing by.* London: SAGE Pub. (コウイー H. & ウォレス P. 松田文子・日下部典子 (監訳) (2009). ピア・サポート——傍観者から参加者へ—— 大学教育出版)

中野武房・森川澄男 (2009). ピア・サポート——子どもとつくる活力ある学校—— 現代のエスプリ, *502.*

■■ 第4節 ‖ ストレスマネジメント

　ストレスは私たちの誰もが日常生活のなかで経験することです。子どもたちも例外ではなく、不登校やいじめ、暴力や非行など、教育現場で起こるさまざまな児童生徒の問題行動の背景の1つとして、学校や家庭などで経験するストレスが考えられます。学校教育においては、児童生徒が感じるストレスを軽減するため、子どもたちをを取り巻く環境への働きかけを考えると同時に、個々の児童生徒にも、ストレスをうまくコントロールし心身の健康を維持し高める力を育む必要が指摘されています。心身ともに健康的な生活のためには、大きなライフイベントや環境の変化への適応に留意するだけでなく、つい見過ごされがちな日常生活における心身の不調を予防・改善する力を児童生徒のなかに育てていくことも大切だといえるでしょう。

■ 1. ストレス発生プロセスとストレスマネジメント・プログラム

　ストレスの発生プロセスを概観すると、図4-3のようになります。ストレスを発生させるきっかけとなる出来事や刺激は「**ストレッサー**（stressor）」と

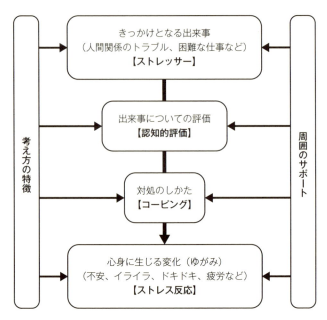

図 4-3　ストレス発生のプロセス (嶋田, 1998；鈴木, 2004)

呼ばれます。一方、ストレッサーによって生じる心身の変化は「**ストレス反応 (stress response)**」と呼ばれ、これは、不安感や落ち込み、イライラなどの心理的反応、集中力低下や不眠などの行動的反応、心拍数の増加や血圧上昇などの身体的反応に分類されます。通常、これらの反応はストレッサーがなくなれば短期間で消失していきます。しかし、ストレス状況がある程度長期的に継続し、ストレス反応が慢性化・重篤化すると、さまざまな身体疾患や不適応状態などのストレス関連障害へと発展してしまう場合もあります。

　こうしたストレス反応の現れ方には個人差があります。出来事についての**認知的評価**、対処のしかた (**コーピング**)、周囲のサポート (**ソーシャル・サポート**) の有無などがストレス反応の出現のしかたに影響を及ぼすためです。ストレスの発生プロセスには、その人のストレス状態に影響を及ぼすいくつもの重要な要素が含まれているのです。そのため、心身の健康を維持・増進していくためには、心の問題を抱えた人へのサポート体制を整えるだけではなく、心の問題を

予防する、あるいは、早期に発見して対処するという発想をもつことが大切になります（鈴木, 2004）。

ストレス研究の成果をもとに、ストレスを早期に発見して対処するための**ストレスマネジメント・プログラム**の開発や実践が進んできました。ストレスマネジメント・プログラムには、(1) ストレスの原因を低減・除去したり、サポート体制を整備するといった環境への働きかけと、(2) 個人のストレス対処能力を増進するための働きかけの2側面が含まれますが、ここでは、個人のストレス対処能力を増進するための働きかけに注目してみましょう。鈴木 (2004) によれば、ストレスの発生プロセスの各段階について働きかけを考えることができ、まず、認知的評価の段階では、出来事に対するとらえ方や自分自身に対する否定的な考え方、低い**自己効力感 (セルフ・エフィカシー)**、不合理な信念などといった不快な気分を増大させている考え方の変容に重点が置かれます。具体的には、セルフ・モニタリングによって自分の考え方の特徴をつかむとともに、その場に即した柔軟な考え方を探す練習をします。また否定的な思考がエスカレートすることを防ぐ方法 (**思考中断法**) や、柔軟な考え方を自分に言い聞かせる方法 (**自己教示法**) なども学びます。次に、コーピングの段階では、問題を解決していく方法や不快な気持ちを和らげる方法、あるいは人間関係をうまく調整する方法など、ストレス場面で必要とされるさまざまな具体的方法を学ぶことに重点が置かれます。また、学んだコーピングをうまく実践できるように試行したり、コーピングがどのような場面で、どの程度の効果をもつかを評価することなどを通して、コーピングをうまく活用できるようにトレーニングします。そして、ストレス反応への介入としては、心身のストレス反応を自分で緩和するための身体的・精神的なリラクセーションの方法を身につけることに重点がおかれます。

■ 2. 学校におけるストレスマネジメント教育

学校における子どもを対象としたストレスマネジメント教育にも注目が集まっています。**ストレスマネジメント教育**は、ストレス対処法を学ぶことや心身のリラクセーション法を習得することを通して、児童生徒のストレスへの対

処能力を高めることをねらいとした健康教育的・予防的なアプローチということができます。生徒指導提要（文部科学省, 2010）においても、ストレスマネジメント教育は、教育相談で活用できるあらたな手法の一つとして示されています。

　ストレスマネジメント教育で扱われる主な内容としては、ストレスのメカニズムを理解すること、および、ストレスを軽減するための**リラクセーション法**を習得することなどがあげられます。ストレスのメカニズムの理解については、以下のような内容について学んでいきます。

①**ストレスを引き起こす出来事（ストレッサー）**：どのような出来事がストレスになりうるか、自分はどのような出来事によってストレスを感じるのか、また、人によってストレスを感じる原因は異なることなどを学び、ストレスについての理解を深めます。

②**ストレスを感じている時の反応（ストレス反応）**：ストレッサーを経験すると、心や身体にさまざまな反応が現れることを理解し、自分自身のストレス状態についてふり返り、気づきを深めます。

③**ストレスを強めたり弱めたりする考え方（認知的評価）**：同じストレッサーを経験しても、とらえ方によってストレスの強さは異なることを理解し、とらえ方を変えることでストレスの強さが変えられることや、自分自身のものごとのとらえ方の特徴や思い込みについて気づきを深めます。

④**ストレスへの対処法（コーピング）**：さまざまなコーピングについて、その強みと限界を含めて理解し、多様なコーピングを柔軟に使い分けることの大切さや、自分自身のとりがちな（あるいは避けがちな）コーピングとその効果について気づきを深めます。

　また、ストレスを軽減するためのリラクセーション法の習得については、**呼吸法**（深くてゆったりとした呼吸で心身のリラックスを導く方法）や**漸進的筋弛緩法**（筋肉の緊張と弛緩をくり返し行うことにより身体のリラックスを導く方法）など、具体的なリラクセーションの技法を学び、その活用に向けてトレーニングを行います。

　ストレスマネジメント教育のなかには、単にストレスへの対処能力を高めることを目的に行われるだけでなく、いじめ予防の一環として活用されるなど、

問題行動の未然防止を目指して導入される事例もあります（たとえば、冨永・永浦・浅田・井上, 2017）。このように、一次支援、二次支援の有効な方法として注目される一方で、実施時間の確保や推進するための校内の体制づくりなど、実践上の課題も指摘されています。

（三宅　幹子）

［引 用 文 献］

文部科学省 (2010)．生徒指導提要　教育図書

嶋田洋徳 (1998)．小中学生の心理的ストレスと学校不適応に関する研究　風間書房

鈴木伸一 (2004)．ストレス研究の発展と臨床応用の可能性　坂野雄二 (監修) 嶋田洋徳・鈴木伸一 (編著) 学校、職場、地域におけるストレスマネジメント実践マニュアル (pp.3-11) 北大路書房

冨永良喜・永浦拡・浅田栄里子・井上真一 (2017)．高校生へのストレスマネジメントをとりいれたいじめ防止授業について──いじめ意識尺度といじめ被害加害尺度による検討──発達心理臨床研究, *23*, 77-82.

［参 考 文 献］

竹中晃二 (2005)．ストレスマネジメント・プログラムの実際　上里一郎 (監修) 竹中晃二 (編) ストレスマネジメント──「これまで」と「これから」── (pp.227-291)　ゆまに書房

冨永良喜 (2015)．ストレスマネジメント理論によるこころのサポート授業ツール集──DVD資料つき──　あいり出版

■ 第5節 ┃ ソーシャル・スキル・トレーニング

■ 1．ソーシャルスキルとは

ソーシャルスキルとは対人場面において、個人が相手の反応を解読し、それに応じて対人目標と対人反応を決定し、感情を統制した上で対人反応を実行するまでの循環的な過程と定義されています（相川, 2009）。子どもに説明する場合を考えて、もう少し平易に表現しますと、ソーシャルスキルとは「人と上手に関わるためのコツ」、または、「人間関係を円滑にするための知識と技術」のことです。

　子どもを深く理解したり、学級経営を充実させる上で、ソーシャルスキルの

視点が大いに役立ちます。たとえば、クラスに言葉遣いや態度が悪く乱暴な子どもがいるとします。あなたが担任であれば、彼（彼女）の問題行動をどのように理解しますか？　気質のせいにするならば、生まれつき粗暴な子どもということになります。性格だからととらえるのであれば、短気で攻撃的な子どもと解釈されます。いずれの場合でも、教師は「気質は直しようがないし、性格はなかなか変わらないから、言っても無駄」とさじを投げてしまうかもしれません。このままでは、その子は教師から見放されたと感じ、悲しさや孤独感が沸き上がり、問題行動がますます目立つようになります。その上、教師と子どもの人間関係が悪化する恐れもあります。

　しかし、ソーシャルスキルの視点からその子を理解すれば、指導の糸口が見えてきます。ソーシャルスキルの視点では、不適切な行動は間違ったかかわり方を誤って身につけてきてしまった（誤学習）、または、対人関係場面で必要なソーシャルスキルを身につけてこなかった（未学習）からであると考えます。それゆえに、ソーシャルスキルを改めて教えることによって、適切な行動が身につき、問題行動は改善されると考えます。

　ソーシャルスキルの具体例を紹介します（藤枝, 2014）。あいさつ、自己紹介、感謝、謝罪、聴く＆話すなどは、子どもに必ず身につけさせたい基本スキルです。仲間関係を築き、深めていく上で必須なのは遊びの仲間に入る＆誘う、手伝いを頼む、あたたかい言葉かけ、相手を傷つけない断り方などです。思春期以降において必要性が高まるスキルは嫌なことを断る、自分の身や権利を守る、困難な場面で援助を要請する、対人関係における葛藤やトラブル解決、共感する、自分の気持ちをコントロールする、自尊心を育てる、などです。

　こんな当たり前のようなことをわざわざ教えるのか？と思われるかもしれません。ここ数十年のあいだに、少子化が進み、同年齢または異年齢の子どもが集団で遊ぶ機会は減りました。他方、電子ゲームやオンラインゲームが身近になり、一人遊びが増えました。子どもたちが公園に集まっても、鬼ごっこやかくれんぼなどの集団遊びをするのではなく、それぞれが電子ゲームをしていることも珍しくありません。その結果、仲間と遊びながらソーシャルスキルを自然と身につけることは難しくなりました。だからこそ、常に仲間がいて、さま

ざまな相手と関わる機会がある学校はソーシャルスキルの学習に最適な場所といえます。実際、この20年のあいだに全国各地の幼稚園、小・中・高等学校、大学がソーシャルスキルの学習を取り入れるようになりました。

■ 2. ソーシャル・スキル・トレーニングとは

ソーシャルスキルはくり返し練習することによって身につきます。学校や家庭で、教師や保護者といったおとなが子どもにソーシャルスキルを意図的に教え、練習させることを**ソーシャル・スキル・トレーニング** (Social Skills Training, 以下 SST と記します) といいます。学校現場では **SST** は心理教育（心理教育とはいじめや非行などの問題を予防するために、生徒がソーシャルスキル、レジリエンス、ストレスマネジメントなど生きていく上で必要な知識と技術を学ぶことです）の一つとして実施されています。SST は以下の①〜⑤の順に行われます。

①**インストラクション**：学習目標の明示と学習意欲の向上を意図します。ソーシャルスキルを学習する必要性とソーシャルスキルを身につけることの利点を伝えます。

②**モデリング**：学習目標となるソーシャルスキルをモデルを用いて実演したり、DVD などを用いてイメージを与えます。ソーシャルスキルを使った適切な行動と不適切な行動の両方を対比的に演じて見せます。

③**リハーサル**：ソーシャルスキルの体験学習。子どもが2〜4人組になり、役割を決めてモデリングで見た2つの場面を演じます。演じ終えたら、役割を交代して演じます。

④**フィードバック**：良かったところを誉めて意欲の向上を図ります。フィードバックのねらいは、リハーサル中の子どもの良かった点を具体的に指摘し、「ソーシャルスキルをやってみよう」という意欲を高めることです。

⑤**ホームワーク**：放課後、休日に家庭や塾でのソーシャルスキルの実行を促します。読み書き、計算、運動と同じようにソーシャルスキルはくり返し練習することで身につきます。他の場面での応用力が身につきます。

第5節 ソーシャル・スキル・トレーニング

■ 3. SST を行う際のコツ

筆者が小学校で実践した SST を紹介します。内容は気持ちの良いあいさつです。

①**インストラクション**：あいさつの重要性を伝えるために、筆者の体験談を交えて話しました。「先生が小学生だった時のことです。クラスの友だちに自分からあいさつをするようにしたら、それがきっかけで、かかわりがあまりなかった友だちとも話すようになりました。話してみると、同じ趣味であることがわかり、気の合う友だちになりました。また、あいさつを返してくれる人が増えてきて、クラスの雰囲気がよくなり、あいさつは大切だなと思いました。きょうはみんなと一緒にあいさつについて考えてみたいと思います。」

②**モデリングのコツ**：子どもがあいさつスキルの学習に興味関心をもつような場面設定をしました。そのために、筆者は担任教師からクラスの子どもの実態を事前に聞き取りました。筆者と担任教師がペアになり、以下の3つの場面を演じました。

場面1
A君　おはよう。
B君　小さい声でおはようと言うが、A君には聞こえていない。
A君　（聞こえなかったのかな？　もう一度、）おはよう。

場面2
A君　おはよう。
B君　無表情でA君を見ずに、おはよう。
A君　（あれ、機嫌悪いのかな？　何か、嫌なことがあったのかな？）どうしたの？

場面3
A君　おはよう。
B君　笑顔でA君を見て、おはよう。
A君　（うれしい。）中休みに一緒に遊ぼうよ。

3つの場面の違いについて、子どもに発表させました。子どもの発言を聞きながら、気持ちの良いあいさつに必要なソーシャルスキル（具体的行動）を板書しました。また、あいさつスキルのポスター（ネット資料1　http://www.hokuju.jp/hikkei/shiryo.html）をあらかじめ作成しておき、A1サイズに拡大したポスターを黒板に掲示し、A4サイズのものを子どもに配布しました。

③**リハーサルのコツ**：隣同士、前後、班でとペアを変えてくり返し練習させました。最初は子どもは黒板やポスターを見ながらリハーサルをしていましたので、ぎこちない感じでした。慣れてきた頃に、「ポスターは見ないで、普段の自分のあいさつを思い出して、演じてみよう」と声をかけました。

④**フィードバックのコツ**：ただ「良かったよ」と言うのではなく、「○さん、相手の顔を見て言えていたのが良かったよ」とその子の名前を呼びつつ、良かった行動を具体的に指摘しました。修正した方がよい行動を伝える際には、「ダメ」と否定的に言うのではなく、「△君、顔をあげて相手を見て言えば、気持ちが伝わるよ」と具体的かつ肯定的に伝えました。

⑤**ホームワークのコツ**：子どもが家庭で家族に対してソーシャルスキルを確実に実行するような宿題を考えました。内容は家族を相手にソーシャルスキルを実行し、その時の気持ちや相手の反応を作文1枚（ネット資料2 http://www.hokuju.jp/hikkei/shiryo.html 参照）にすることでした。それを後日発表させました。

■　4．SSTはクラスづくりにも役立つ

　ソーシャルスキルの学習においては、学習指導要領のような指針がありません。それゆえに、発達段階やクラスの実態に合わせて柔軟に実施できる魅力があります。たとえば、学年や学期のはじめに、教師と子どもが「みんなが教室で気持ちよく過ごすために、どういったソーシャルスキルを身につけたいか」を一緒に考え、SSTを柱にして安全で楽しいクラスをつくっていくことができます。皆で考えたソーシャルスキルが学習目標であれば、子どもの学習意欲も沸きます。

第5節　ソーシャル・スキル・トレーニング　　123

しかしながら、SST は年に 1 回のみ行っても効果は期待できません。学期に 3 回、月に 1 回など定期的に行うことが望ましいです。そのためには、年間の授業計画を立てる時に、SST をあらかじめ組み込んでおくことをお勧めします。SST の授業枠は道徳、特別活動、HR の時間が多いのですが、体育の時間（清水, 2016）でも可能です。このように、SST はソーシャルスキルの学習だけでなく、**クラスづくり**、学級経営にも活用できます。

（藤枝　静暁）

［引 用 文 献］

相川充（2009）. 新版人づきあいの技術　ソーシャルスキルの心理学　サイエンス社.

藤枝静暁（2014）. ソーシャルスキル教育における発達段階毎の目標スキルの選択と実施時期に関する研究　カウンセリング研究, 47, 221-231.

清水由（2016）. 体育授業はソーシャルスキル教育のチャンス　教育研究, 1378, 30-33.

［参 考 文 献］

小林正幸・相川充（編）(1999). ソーシャルスキル教育で子どもが変わる　小学校　図書文化

渡辺弥生・原田恵理子（2015）. 中学生・高校生のためのソーシャルスキル・トレーニング　明治図書

渡辺弥生・小林朋子（2009）. 10 代を育てるソーシャルスキル教育　北樹出版

■ 第 6 節 ‖ マインドフルネス

■ 1. マインドフルネスとは

ストレス社会という言葉はおとなだけでなく、子どもにも当てはまります。子どもたちは友人関係、成績、進路などさまざまなことで思い悩み、疲労しています。現実に何も起こっていない時でも、過去のことを思い返して後悔したり、未来のことを想像し不安になったりします。その不安な気持ちがさらなる不安を引き起こします。こうしたネガティブな思考に支配されると、免疫力や自己治癒力が低下し病気にかかりやすくなるといった悪循環に陥ります。

マインドフルネスはこうした悪循環に陥ることを予防するための有効な手

法です。マインドフルネスは今現在の瞬間に生じている経験に気づき、それをありのままに受け入れている状態やそのための方法である、と松下 (2017) は定義しています。児童生徒に対しては、マインドフルネスとはマインド（心、精神）がフル（いっぱい、満ちている）な状態ということで、食べること、見ること、聞くこと、呼吸すること、触ること、など私たちの感覚を十分に意識して心を豊かにしていきましょうということです（渡辺弥生氏との私信 (Personal communication, 2017 年 2 月)）と説明するとわかりやすいと思います。マインドフルネスは仏教瞑想に由来します。仏教の伝統的な修行で行われてきた瞑想を、どんな立場の人でも実践しやすいようにしたものです。たとえば、座禅瞑想、歩行瞑想、食事瞑想などがあり、これらを総称してマインドフルネス瞑想と呼びます (松下, 2017)。

　みずからがマインドフルネスな状態を作るためには、心に浮かんでくる不安や緊張などのネガティブな感情や否定的な思考を打ち消そうとするのではなく、そのまま受け入れるようにします。自分と自分のなかの思考や感情のあいだに一定の距離を作るということです。たとえば、「学校に行けない」という考えが浮かんできた時に、マインドフルネスな状態にある人は「これではいけない」と否定したり、「だから私はダメなんだ」とネガティブな評価をしません。「『いま、自分は学校に行けない』と思っているんだ」という考えが浮かんできたことを客観的に観察し、ただ自覚するだけです。これができるようになると、心に浮かんでくるネガティブな思考や感情を受け止めつつ、しかし、振り回されない生き方ができるようになります。

■ 2. マインドフルネス・トレーニング

　マインドフルネス・トレーニングは、自分の心身の感覚に注意を向け、気づき、ありのままに受け入れることによって、ネガティブな思考や感情に巻き込まれることなく、心穏やかな生活を送れるようになるための練習です。主として2つの方法があります。

　1つ目は自分の身体の特定の部位に注意を向け、集中することです。児童生徒が取り組みやすいのは**腹式呼吸**です。方法は頭を上げ、背筋を伸ばし良い姿

勢を作ります。この時、首や肩周辺の力を抜いて、リラックスした状態を作ります。体内にある空気を口からゆっくりと吐き出します。吐き出し終わったら、鼻からゆっくりと息を吸い込みます。1、2、3と数えながらするとよいでしょう。吸い込んだ空気が胸のあたりにたまり、膨らんできます。たまりきったところで、口から空気を吐き出します。この時、ゆっくり少しずつ時間をかけて吐き出すことがコツです。吐き出している時に、副交感神経が作用し、アルファ波が出現し、安静状態となります。安静状態を長く得るために、息をできるだけ時間をかけて吐くことがコツです。吐いている時の気持ちと身体の感覚に注目してください。できれば、3回程度くり返し行うと効果的です。

　もう1つは、「今、ここにいる自分」を感じとることです。つまり、「今、自分が感じていること」「今、私が考えていること」「今の自分の体の感覚」に注意を向け、それらに対して反応せずに、受けとめることができるようになると、ここちよく、安心していられるようになります。そのためには、床または椅子に座り、良い姿勢を作ります。頭を持ち上げるようなイメージで背筋を伸ばします。先ほどの腹式呼吸を行いながら、「今、ここにいる私」に意識を集中させます。途中でほかのことを考えてしまったり、ネガティブな思考や感情が出てくるかもしれません。むしろ、出てくるのが普通です。その時には、それらを否定したり打ち消そうとせずに、「こんな考え（気持ち）が浮かんできた」とそのまま受け入れます。大切なことは意識がそれたことに気づくことです。気づいたら、再び、「いま、ここにいる私」に意識を戻します。自分の思考や感情に気づけるようになると、ネガティブな感覚や感情に振りまわされにくくなります。最初は1分でも良いです。少しずつ慣れてきたら3分、5分と時間を延ばしてください。毎日トレーニングすることで、マインドフルネスな状態になることができます。

■ 3. 児童生徒を対象としたマインドフルネス・トレーニングの実践例

　児童生徒を対象としたマインドフルネス・トレーニングの成果を2つ紹介します。

(1) トラウマを抱えた児童を対象としたマインドフルネス・トレーニング

最近では、**トラウマ**治療にマインドフルネス・トレーニングが用いられるようになってきています。相馬・駒村・越川 (2016) は児童相談所に在籍する児童生徒を対象にマインドフルネス・トレーニングを実施しました。トレーニング対象が小中学生の場合、①言語による教示などは難しい、②長時間取り組むことは難しい、③トレーニングを受ける動機づけの発起が難しいという課題があります。そこで、短時間でも心身の変化を実感しやすいヨーガを介入方法に選びました。ヨーガはマインドフルネス・トレーニングのなかでも、「今 ここ」における身体感覚に気づきを向ける態度を重視した技法です。たとえば、「山のポーズ」とは「足を肩幅程度に開き、下半身を安定させる。肩の力は抜き、背筋を伸ばして立つ」ことです。ヨーガを 2 週間に 1 度、30 分間行いました。自由記述式のアンケートへの回答について、ヨーガをする前としてみた後を比較しました。その分析から、ヨーガは、トラウマ症状をはじめとする不適応感を抱える児童にも適用しやすい技法の 1 つであること、ヨーガを通して、心身の緊張が緩和されたこと、日常場面においてもヨーガを活用したいと願う児童や、実際に生活のなかでヨーガを実施している児童もいたことの 3 点が明らかになりました。

(2) ADHD と診断された児童を対象としたマインドフルネス・トレーニング

ADHD とは注意欠如・多動性障害のことです。DSM-5 (American Psychiatric Association, 2013) には不注意および／または多動性および衝動性によって特徴づけられる、不注意および／または多動性および衝動性の持続的な様式で、機能または発達の妨げになっているものと記されています。

藤田・橋本・嶋田 (2013) は ADHD と診断されている児童 5 名に対して 1 回 30 分で週に 2 回、8 週間にわたってマインドフルネス・トレーニングを実施しました。その結果、注意行動の改善と多動−衝動行動のどちらにおいても、改善効果があることが示唆されました。他国でも、ADHD と診断されたおとなと青年を対象としたマインドフルネス・トレーニングが実施されており、藤田ら (2013) と同様の結果が報告されています。

第 6 節　マインドフルネス

■ 4. 教室でできるマインドフルネス・トレーニングの提案

教師が学級でできるマインドフルネス・トレーニングを2つ紹介します。

①腹式呼吸をしてから授業を始める

休み時間と授業時間の切り替えは大切です。教室の空気が休み時間の楽しさ、興奮を引きずったままの状態で授業を始めますと、ザワザワした空気に妨害され、教師も子どもも授業に集中できません。そこで、切り替えの手段として、授業に入る前に腹式呼吸を行うと効果的です。日直の号令が終わったら、「今から、勉強に集中できる魔法の（とっておきの、ヒミツのなど）呼吸法を教えます」と、子どもの興味を引くように言ってください。「では、まっすぐ座り、足は机の下に入れ、背筋を伸ばしてください。まず、鼻から空気を吸い込みます。口からお腹の空気をゆっくりと吐きます。ゆっくり時間をかけて吐くことがコツです。これをもう2回します」と教示します。子どもが慣れてきたら、「息を吐いている時にどんな気持ちになるか、身体はどんな感じになっているか、観察してみましょう」と声をかけ、感想を発表させます。

筆者は実際にこれを大学の講義で取り入れています。受講者からは「心が落ち着く」「今から勉強しようという気持ちになる」といった声が聞かれます。

②給食時間を利用したマインドフルネス・トレーニング

他国では、"マインドフルに食べるエクササイズ"が実施されています。給食をただ食べるのではなく、お米一粒の見た目、におい、舌触りに注意を向けながら食べる、食べている時の自分の心や身体へ注意を向けるようにします。それによって、ただ食べ物を口に入れていた時には気がつかなかった、食事の美味しさ、身体にエネルギーが満ちてくる感覚に気がつき、また、農家や給食を作ってくれている人への感謝の気持ちが生まれてくるのです。

■ 5. 学校生活を豊かにするマインドフルネス

マインドフルネスを実践することによって、毎日の生活が充実してきます。自分自身に気づくことによって、不安や緊張が軽減し、怒りや悲しみといったつらい感情とも上手につきあえるようになります。また、集中力がつくので、試験当日やスポーツ大会といった大切な場面において、過度に緊張することな

く、準備してきた成果を発揮することができます。

（藤枝　静暁）

［引 用 文 献］

藤田彩香・橋本塁・嶋田洋徳 (2013)．児童に対するマインドフルネストレーニングが
　　ADHD 症状改善に及ぼす影響　早稲田大学発達科学研究教育センター紀要, *27*, 63-70.
松下弓月 (2017)．マインドフルネスとは何か？　心理臨床の広場, *9* (2), 24-25.
相馬花恵・駒村樹里・越川房子 (2016)．トラウマを抱えた児童を対象としたヨーガの意義
　　マインドフルネス研究, *1*, 14-27

［参 考 文 献］

American Psychiatric Association (2013). *Diagnostic and Statistical Manual of Mental
　　Disorders*；DSM-5. Washington, D.C. （高橋三郎・大野裕（監訳）染矢俊幸・神庭重信・
　　尾﨑紀夫・三村將・村井俊哉（訳）(2014) DSM-5 精神疾患の分類と診断の手引　医学書
　　院）

Valentine, E. R., & Sweet, P. L. G. (1999). Meditation and attention：A comparison of the
　　effects of concentrative and mindfulness meditation on sustained attention. Mental
　　Health, Religion, & *Culture*, *2*, 59-70.

Zylowska, L., Ackerman, D. L., Yang, M. H., Futrell, J. L., Horton, N. L., Hale, T. S., Pataki,
　　C., & Smalley, S. L. (2007). Mindfulness meditation training in adults and adolescents
　　with ADHD：A feasibility study. *Journal of Attention Disorders*, *11*, 737-746.

スクールカウンセラーの **つぶやき**

【**教育相談におけるスクールカウンセラーのかかわり**】　これまでの実際のかかわりとしては、児童生徒や保護者のカウンセリングを多く行ってきました。教師とは、カウンセリングのなかで行うアセスメントと見立てに基づいて連携を図ってきました。

　児童生徒のカウンセリングでは、教室に入りたくても怖くて入れず別室登校をしている子どもや、教室で過ごせてはいるけれど、居場所がないと感じている子どもの相談を行ってきました。そういった子どもたちの悩みの背景には、発達障害や虐待の問題が関わっていることもありました。また、授業に集中できない、きょうだいげんかが増えたなど、他の問題が語られるなかで、背景にあったいじめが明らかになることもありました。これまで誰にも話せず、カウンセリングではじめて話すという子どもも多かったです。子どもは話すことに不安を抱えて来談します。話してもわかってもらえないのではないか、話すと怒られるのではないかといった不安です。「私は怒らないからね」と言った時にみせた子どものほっとした顔が、今でも忘れられません。少しでも不安を軽くできるように、話は質問を交えながら、状況がわかるように丁寧に聴き、気持ちに共感することを大切にしています。そうすると、話のなかでいじめのサインがみえた時にそれについて尋ねても、子どもは隠すことなく思うがままに話せるのだと思います。

　保護者のカウンセリングでは、ほとんどの保護者が、不登校になった子どもとのかかわり方や将来に不安を感じて来談されます。親子関係の問題から、発達障害を疑って来談する保護者も少なくありません。子どもとのかかわりで悩む保護者は多いですが、カウンセリングのなかで一緒に関わり方を考え、少しずつ親子関係が改善されると、「子どものお陰で親として成長できた」と感じられるようです。

　このようなカウンセリングを行い、アセスメントと見立てをもとに、教師との連携も図ってきました。児童生徒の理解や対応に迷う教師も多く、一緒に検討することで、子どもの発達を促すかかわりができると思います。児童生徒はもちろん、保護者も教師も思いは同じで、そこをつなぐのもスクールカウンセラーの大切なかかわりだと思っています。これからもより質の高い連携を目指して教育相談に携わっていきたいと思います。

（濱家　徳子）

CHAPTER 5

学校危機予防の考え方と予防のあり方

■ 第1節 ‖ 学校危機予防とは

学校危機とは、学校組織や学齢期にある子どもの日常的教育活動を揺るがしかねないなんらかの出来事が、個人または集団に起こることを指します。個人・小集団・学級・学校やコミュニティ規模の危機も想定されます。これらの危機にどう対応すればよいのでしょうか。

■ 1. さまざまな学校危機

児童生徒はさまざまな危機に遭遇するリスクを抱えています。学校生活におけるトラブル、授業中のアクシデント、死別、交通事故、台風・大雨による災害など多岐にわたります。こうした危機に見舞われることは、多くの場合、予見できるものではありません。先の東日本大震災では、学校のみならずコミュニティが被災し、学校も避難所となりました。そこでは、被災しながらも、地域の方々や教職員と協働し、災害ケアに貢献する子どもの姿もみられ、そうした子どもたちの姿が多くの人々を勇気づけたといわれています。一方で、たとえば部活動での人間関係や家庭のことについて深刻な悩みを抱える児童生徒にとっても、その状況は「危機」にほかなりません。教職員は、そうした個人的な危機に対しても、早期に気づき、日常の教育活動を通して、児童生徒に寄り添い支援する立場にあります。

学校危機について、文部科学省は、不審者対応（学校危機管理マニュアル，2007）や、地震・津波対策（学校防災マニュアル作成の手引き，2012）により対応策を紹介しています。加えて、危機を回避するためには、安全を保つことが必要です。まず、学校が推進すべき安全は、「**生活安全**」「**交通安全**」「**災害安全**」の3領

表 5-1　さまざまな場面における学校危機の例

領域	被害対象	個人	グループおよびコミュニティ
生活安全	犯罪被害	ストーカー被害	校内への不審者の侵入
	学校事故	給食中の誤嚥	学校給食等での食中毒
	対人関係	仲間はずれ・いじめ	集団での暴行
	喪　失	家族との死別	教員の死亡
	自　死	子どもの自死	複数の児童生徒の自死
交通安全	交通事故	登校中の事故	部活動の練習試合に向かうマイクロバスの事故
災害安全	火　災	家庭での火災	校内での火災・地域にかかる大火
	自然災害	被災地域からの転居	地域の山林火事・大地震

域に大別されています。そして、学校で行われるべき活動は「**安全教育**」「**安全管理**」「**組織活動**」により推進されています。先述の大震災などコミュニティレベルでの危機に加え、親友の転校や通学中の交通事故、地域の火事など個人レベルや部活動などのグループレベルで起こる危機までさまざまです（表5-1）。

■ 2. 学校危機に必要な視点

　多様な学校危機に関わる局面で、教師や養護教諭、その他の支援者として、支援ニーズがある人を適切に見出すことは、後に、どのような支援を行うかということと同様に重要です。対象となる人を特定できなければ、早期対応としての介入や支援ができないからです。

　危機状態にある人を把握する視点をもつことは必ずしも容易ではありません。当事者以外にも、その出来事に傷ついた人がいる可能性があるからです。図5-1は **Circle of Vulnerability**（脆弱性の円環：ESPCT，2012）といわれるモデル図です。支援の必要性の度合いをみきわめます。なんらかの被害に遭った当事者を中心として、**物理的距離**と**関係性**における**距離**と（性格等の）配慮を要する特徴の3観点から、ニーズのある人を見出す視点を整理しています。

　まず当該の事件事故における直接的なつながりのある人物やコミュニティを特定します。それを中核として、どのようにサポートのニーズの環が広がって

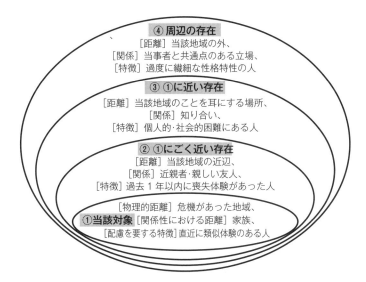

図 5-1 当事者を囲む「Circle of Vulnerability」（ESPCT 研修資料等をもとに作成）

いるかを検討しながら、実際のサポートが必要であるかどうかを検討します。具体例でみてみましょう。

地域 A で起きた大水害を例にした学校適応の視点からの Circle of Vulnerability

① **最大のインパクトを受ける環**：物理的距離では、A 地域に住む児童生徒です。関係性における距離では被災した児童生徒やその家族で、配慮を要する対象では類似した体験をした児童生徒です。

② **第 2 にインパクトを受ける環**：距離では、A 地域の周辺に住む児童生徒で、関係性では近親者・親友が被災した場合、配慮を要する対象では過去 1 年に親しい人を亡くした児童生徒です。

③ **第 3 にインパクトを受ける環**：距離では A 地域のことを日常的に耳にする地域、関係性では被災した知人がいる場合、配慮を要する対象は個人的・社会的に脆弱性がある児童生徒です。

④ **第 4 にインパクトを受ける環**：距離的には A 地域から離れた地域、関係

性では（知り合いでなくても）当事者を何かで知っている場合、配慮を要する対象は性格面に敏感さや脆弱性のある児童生徒です。

学校危機の予防には、平時にこうした視点で児童生徒全体をとらえる機会をもつことが、二次的な問題の回避にも役立ちます。支援ニーズがあるとみられる子どもを特定したら、教師自身で担える支援をみきわめ、チームによる支援につなぐという選択肢ももっていたいものです。

それに加えて、**特別な教育的ニーズ**のある子どもへの支援の提供の検討も必要です。多くの場合、彼らは学校危機に際して情報・状況を把握したり適切な対処をしたりすることになんらかの困難を抱えています。その場合は、**特別支援教育**の専門性をもつ**校内外の資源**（人や組織）につなげていく必要があります。

■ 3. 学校危機予防

学校危機に向け、いかに十分かつ広範囲な備えを行うかは、学校適応を支える立場の教職員をはじめ、**スクール・カウンセラー**および**スクール・ソーシャルワーカー**にとって、重要な関心事です。多様な学校危機に備え、日常の教育活動において学校危機を回避する工夫を行うことは、きわめて重要です。学校危機を予測することは困難ですが、備えを行うことが不可能なわけではありません。学校危機の段階は、大別して「**予防・介入・事後対応**」に分かれます。そのうち学校危機予防は、教育と備えの2つに分けることができます。

災害に関する安全に向けては、**防災教育・防災管理・組織活動**を推進する必要があるとされています（文部科学省, 2013）。防災教育は、災害への対処について日常の教育活動等を通して児童生徒が学ぶことです。自分たちの地域での災害を想定した対応がなぜ必要かの根拠や、適切な対応方法を理解する学習として、学級（ホームルーム）活動・道徳・算数/数学・保健体育・社会科等の教科領域と関連づけた学び（**防災学習**）も効果的です。それとともに多様な災害を想定した避難訓練などの学習（**防災指導**）を実施します。防災管理においては、対人面と対物面の両方の管理があります。対人面では心身および生活や行動の**安全管理**に対応し、対物管理では**学校環境**の安全への配慮を行います。そして、これらの活動を行う際には、保護者への周知や協力の依頼があるとさらに有効

です。効果的な取り組みとするには、校内の協力体制を確立させるとともに、家庭や地域を巻き込んだ災害への安全体制の確立が求められているのです。

危機予防としては、災害などを想定した学びだけでなく、日常的な危機を回避することができるよう、**ソーシャルスキル**を習得しておくことが大変重要です（渡辺, 1996）。さらに、児童生徒が**発達段階**に沿った**自己理解**を促進させ、自分がどのようなことが苦手で、どのようなことが得意であるかといった強みや課題を理解することは、現在求められている「自分らしい生き方の実現」を探求する**キャリア教育**の点からも有意義な活動です（小泉・古川・西山, 2015）。自身が問題解決に向けた力をつけておき、危機状態に陥った際に、必要な周囲とのかかわりのなかで自助力を発揮したり、他者から援助を得られるようにしておくことは、自己成長を促進させる**開発的な生徒指導**につながるものとなります。

災害をはじめとする学校危機は大変残念なことですが、学級担任・養護教諭をはじめ、スクール・カウンセラーやスクール・ソーシャルワーカーなど、児童生徒への教育援助の担当者は、さまざまな危機状態に即応することを求められます。これまでに起きた事故や事件などへの対応について、後に関係者がともにふり返り、必要なガイドラインやマニュアルなどが作成され、ひろく全国で共有されているものも少なくありません。私たちは、「次に同様のことが起きたら、どのようにすれば問題を軽減できるか」という視点から、教育援助の実践的能力を高めていく姿勢が必要です。さらにあらたな課題に対しても、「自分がそのことに対処するとすれば、どうしたらよいだろう」という視点をもって考えることが、対応力の高い実践家となることにつながるのではないでしょうか。

（西山　久子）

［引用文献］

ESPCT（2012）．欧州学校危機対応基礎研修資料（2012年5月実施）

小泉令三・古川雅文・西山久子（2016）．キーワード キャリア教育：生涯にわたる生き方教育の理解と実践　北大路書房

文部科学省 (2013). 学校防災のための参考資料──「生きる力」を育む防災教育の展開──

[参 考 文 献]

文部科学省 学校安全〈刊行物〉
　http://www.mext.go.jp/a_menu/kenko/anzen/1289310.htm（2017 年 8 月 31 日）

渡辺弥生 (1996). ソーシャルスキル・トレーニング　内山喜久雄・高野清純 (監修)　講座
　サイコセラピー　日本文化科学社

山崎勝之・戸田有一・渡辺弥生 (2013). 世界の学校予防教育　金子書房

■■ **第 2 節 ‖ 学校の組織づくり：学校危機を想定した備えのある体制へ**

　学校の教育活動を揺るがしかねない危機に際した校内の組織作りには、危機事案の発生時に構成される組織と、平時から問題を最小限にとどめる**予防的視点**を含めた組織の 2 つがあります。

■ **1. 体系的な学校危機予防の視点を含めた組織対応の内容**

　学校危機対応は，①（事前）予防、②介入、③事後対応の 3 段階に分けられ、時系列では①⇒②⇒③となりますが、緊急時には、②⇒③⇒①の順に対応せざるをえません。危機の渦中にあっては、事案の発生に応じて介入し、事後対応を行った上で、危機対応としての学びや気づきをふり返り、予防として必要な事前の備えや教育活動全体に含むべきことを考えることになります。

(1) [介入]　課題に応じた児童生徒等への対処 (図 5-2)

　学校適応に課題を抱える児童生徒を把握することは、かかる困難の内容により大きく異なります。まず、**課題の深刻化**を食い止めるには、支援の必要な児童生徒を早期に把握し、適切な対応をしなければなりません。そのために組織的な対応が必要です。組織的支援には、すべての子どもに届くサービスとしての「**一次的援助**」、困難・課題がみられ始めた一部の子どもへの「**二次的援助**」、そして特別な状況にある子どもへの「**三次的援助**」の 3 つの段階があります。そのなかで、三次的援助は、学校危機状況への介入と重なります。

　通常、学校では教職員すべてが児童生徒との日常的な関係構築をしています

が、とりわけ最前線で児童生徒とかかわり、日常観察を行っているのは学級担任です。同僚に相談し、「このようなことではないか」と仮説を立て（**見立て**）て必要と考えられる教育援助を行い、成果が見出されなければ、別の可能性を検討します。学級担任を中心とした支援だけでは、課題の深刻さに対応するのが難しい場合、教育相談担当者や、学年主任、生徒指導主事、特別支援教育コーディネーター、養護教諭、主幹教諭・教頭など校内のミドルリーダーに相談をしてチームでの対応をします。その際もまず学級担任自身で見立て、相談することで力量は向上します。当該児童生徒の課題がさらに深刻ならば、課題の内容に応じて**スクール・カウンセラー**や**スクール・ソーシャルワーカー**および**医療関係**の専門家と連携し、より大きなチームによる**問題対応的なアプローチ**を推進します。保護者も、チームで子どもを援助する際の重要なキーパーソンです。保護者の支援力が高まるよう、保護者向けの支援・助言も検討します。組織として活動し、支援ニーズの**早期発見・早期介入**を行う日常的取り組みが、危機状態に陥ることを回避することにつながります。

また、**学校コミュニティ**全体が被災するなどの**大規模な災害・事案**では、支

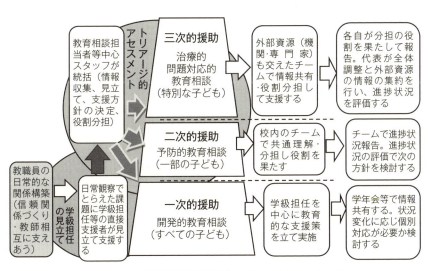

図 5-2　教育相談活動階層的援助システム（西山（2012）を修正）

第2節　学校の組織づくり：学校危機を想定した備えのある体制へ

援対象が多数に広がっていることが想定されます。その際、学校全体で深刻な課題を抱えた児童生徒を的確に把握するには、深刻さの度合いで子どもの支援ニーズをとらえる視点が教員間で共有されていることが重要です。前項で示した **Circle of Vulnerability**（図5-1）の視点で児童生徒の様相を把握することも有効です。加えて学校全体を揺るがす危機には、教職員も巻き込まれ、傷つきます。支援者自身の休養や心の健康へも配慮し、相互に声をかけ、支えあいたいものです。

(2) ［事後対応］　事後のケアとフォローアップ

さまざまな学校危機により、課題を抱えた子ども個人や困難を抱えた集団は、課題の回復に向けサポートを受けますが、初期的な支援を行った後も、経緯を見守る必要があります。課題を抱えた当該の児童生徒の回復状況については、**校内委員会**などでの**フォローアップ**対象とし、当初支援を検討した折に、次の検討の時期を決めておきます。「**情報共有―支援検討―役割分担**」といった雛形に沿って話しあいをするだけでも検討の内容は整理されます。誰がいつまでどのような支援を行うかといった、時系列をふまえた役割分担に基づく対応を共通理解することにもつながります。

フォローアップとして重要なのが、1ヵ月後の同じ日、1年後の同じ日といった「**記念日反応**」への対応です。東日本大震災の際にも1年後に向けた対応のヒントが示されました（西山・石隈・家近・小泉・Pfohl, 2015）。子どもの理解できる順序とペースで事態に対応することが重要です。とくに大震災などでは、大きすぎる課題にどこから取り組めばよいかわからないこともあります。その際に、いくつかの視点をあてはめて課題を整理することが必要です。

(3) ［(事前) 予防］　予防教育と備え

学校危機を予防し、児童生徒の抱える課題を最小限にするためには、起こることに対応しつつ、万一の時に備えて事前の学習や日常的な教育活動における危機意識の喚起に取り組むことが重要です。対応については、先に示した「一次的援助」として、**ソーシャル・スキル・トレーニングやピア・サポートトレーニング**をはじめとする包括的な取り組みは、学校危機の予防に効果を示すことにもつながります。

■ 2. 学校危機に際した組織の構成

大規模な事故や災害があった場合には、簡潔な役割分担を伴う組織を立ち上げ、支援する必要があります。図5-3は、学校危機に対応した組織図のモデルの一例です。規模の大きな事案においては、全体の統括と**安全管理・広報・連携・メンタルヘルス**の4つの領域に分かれて主要な方針の検討などを行いながら、教職員を**組織・物資・経理・企画**（教育再開に向けた）の役割ごとにグループ分けして、具体的な活動を行い、支援体制を構成します。

学校危機事案に対処する具体的な活動例としては、①関係者からの聞き取り、②被害者家族との連絡、③保護者対応、④報道対応、⑤学校安全対策の実施、⑥関連事務、⑦情報収集・整理、⑧教育活動の再開準備、⑨一般の児童生徒への対応、⑩救護などがあげられます。加害者・被害者および保護者と直接の課題に対応する職員、報道各所への対応をする職員、学校安全対策をする職員、危機事案に関連する事務を請け負う職員、当該の児童生徒以外の子どもたちへの適切な指導を担う職員、事故・災害ともに救護が必要な状況に対応する

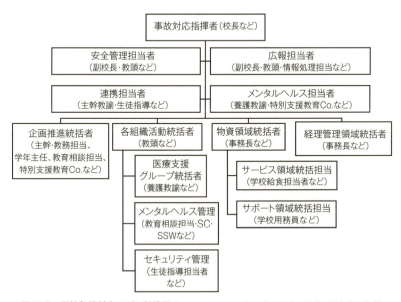

図 5-3　学校危機対応モデル組織図（NASP PREPaRE（2017）を日本の学校に置き換え作成）

職員などが役割を分担して支援を行います。

　生徒指導・教育相談に関わる領域で、学校におけるメンタルヘルスの課題を抱える児童生徒を全体から把握することについても、学級担任が最前線に立ち、日常的な「**健康観察**」、表情や言動などの「**様相観察**」などを通して、気になる児童生徒を把握します。家族には見えないことが学校・学級集団で見えてくることもあり、子どもの健全な成長に向けて多角的に関係者が協働することは重要です。

　学校によっては年1回「**安全チェック週間**」を設け、期間中、教職員が行事や日常の活動のなかで学校安全や危機管理の課題を見出し、改善に向け提案しているところもあります。時期を決め、関係者がそれぞれの職務や分掌で、学校安全を意識して「**定点チェック**」をすることは、**システムの見直し**全般に有効ですが、学校危機予防においても例外ではありません。

　これまで、多くの災害・事故・事件を経るなかで得た経験を知恵として、よりよい**危機予防・防災対策**に向けた改善が行われてきています。その一方で、現在危惧されるのは、ベテラン教師の退職と若年層教員の増加により、学校で教員の年齢構成が大きく変動する時期にあり、経験豊富な先輩教員と新しく教職に就いた若年層教員のあいだでの知恵の伝承が行われにくくなっていることです。しかし、学校において児童生徒を守り支えることに、誰が関わっても一定のサービス（支援）が行われることは、学校教育において重要な配慮事項です。これらを実現させるためにも組織的な対応は、必要なアプローチといえるのです。

（西山　久子）

[引 用 文 献]

文部科学省（2013）．学校防災のための参考資料――「生きる力」を育む防災教育の展開――

NASP（2017）．School Incident Command System（ICS）Overview: PREPaRE School Crisis Prevention and Intervention Training Curriculum

　　https://www.nasponline. org/professional-development/prepare-training-curriculum/about-prepare/prepare-developers-and-core-trainers（2017 年 8 月 31 日）

西山久子・石隈利紀・家近早苗・小泉令三・Pfohl, W.（2015）．東日本大震災を体験した後

の子どもと学校のレジリエンスを高める取組み　日本学校心理士会年報, 7, 159-168.

[参　考　文　献]

ケア宮城・プラン・ジャパン (2012). 被災者の心を支えるために　地域で支援活動をする人の心得 https://www.plan-international.jp/about/pdf/blog_pdf_01.pdf (2017年8月31日)

西山久子 (2012). 学校における教育相談の定着を目指して　ナカニシヤ出版

文部科学省 (2017). 学校安全 http://www.mext.go.jp/a_menu/kenko/anzen/1289310.htm (刊行物) (2017年8月31日)

第3節　学校危機に関する研修

1. 学校危機における研修

　文部科学省の「学校における防犯教室等実践事例集」(2006)では、危機管理を「人々の生命や心身等に危害をもたらす様々な危険が防止され、万が一、事件・事故が発生した場合には、被害を最小限にするために適切かつ迅速に対処すること」としています。学校における危機は、事件事故や災害など多岐にわたり、危機の内容によって学校構成員に与える影響や状況の収束の見通しなどは異なってきます。文部科学省の「学校の安全管理における取組事例集」では、危機管理を、「事前の危機管理（**リスク・マネジメント**）」と「事後の危機管理（**クライシス・マネジメント**）」の2つの側面でとらえています。

　学校危機が発生した後の対応であるクライシス・マネジメントだけでなく、2013年に施行された「**いじめ防止対策推進法**」の施行などもあり、子どもたちの安全安心感を確保するためにも、できるかぎり学校危機を予防するための視点（リスク・マネジメント）も重要な視点です。このことからも、学校危機にお

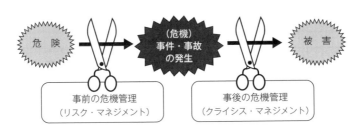

図5-4　危機管理の2つの側面（文部科学省「学校の安全管理における取組事例集」より）

いてはクライシス・マネジメントとリスク・マネジメントの2つの側面から考えていくことが必要です。しかし危機管理の重要性は誰もが認めているところですが、学校危機に関する研修の先行実践は数少ないのが現状です。

そこで、本節では日本の学校現場に対応した学校危機に関するシミュレーション研修について紹介します。この研修はS県教育委員会と協働で作成したもので、教師が学校危機に直面した時に適切かつ迅速に動けるよう実践的な内容となっています。日本の学校現場での危機対応では、全体を俯瞰し、チームの動きを予測し指示を出せる力量が求められます。そのため研修内容は、①学校危機が発生した後の対応（クライシス・マネジメント）、②学校危機の予防（リスク・マネジメント）、③支援者自身のリラックス法の体験、の3つの内容で構成されています。こうした実践的な学校危機シミュレーション訓練を体験し、多様な学校危機に対して、さらに状況に応じた対応をとれるようになることを目的として教員研修を行います。

■ 2. シミュレーションによる研修の実際

本節では、「いじめが疑われる事故編」を例にして、研修内容を紹介します（小林ら，2015）。

(1) 危機発生時の対応について

まず参加者に、第1報から第3報までの事例カードを配布し、読んでもらいます。

この情報だけでは不十分な点がたくさんあります。しかし、重大事態発生時には十分な情報と時間がないなかで判断し、行動していくことが求められます。まず、この状況で「学校は何をしていかなければなりませんか？」と質問し、まず個人で付せんに対応を1件ずつ書き出してもらいます。そして、グループになり議論しながら、さらに対応を、「危機管理体制」「遺族対応」「情報収集・発信」「保護者対応」「心のケア」「児童生徒」の6つのカテゴリーと、時系列に「当日」「翌日」「3日以降」に分類してもらいます。

そして、追加情報をさらに提示していきます。追加情報は、A男が亡くなったこと、警察からいじめの疑いがあるので捜査するとの連絡が入った、といっ

第5章　学校危機予防の考え方と予防のあり方

表 5-2　事例カード

【第 1 報】
　月曜日、5 年生の 5 時間目のプールの授業で、最後の 10 分間は自由遊びの時間をとっていた。「先生！A 男くんが浮いてこない！」と子どもたちの叫び声があがった。そこに一人の男子がプールの底に沈んでいた。すぐにプールから引き上げ、教師の一人が職員室に連絡した。養護教諭が保健室にある医療機器 AED を持ってかけつけ、救急蘇生を開始すると同時に、救急車を要請したと教育委員会に連絡が入った。A 男くんの保護者にも連絡したとのことであった。

【第 2 報】
　14 時半に救急車が到着し、養護教諭が同伴した。搬送後、すぐに教頭が搬送先の病院に向かった。子どもたちが動揺していたことから、学校長の判断で、委員会活動を中止し、全校生徒を 15：15 に下校させ、5 年生に関しては保護者に一斉メールをだして、迎えに来ることができる保護者には児童を引き渡すようにするとのことであった。保護者が迎えに来られない児童は、教師が引率して集団下校させることになったと報告があった。

【第 3 報】
　児童が下校した後に
・病院にいる教頭から校長に電話連絡があり、意識不明の状態で ICU にて治療を受けているとのことであった。
・下校までのあいだに、子どもたちが担任に口々に話していた内容から、A 男くんが数人の男子とじゃんけんで負けたら、水のなかに潜って、その上にみんなが乗るといったゲームをしていたことがわかった。A 男くんは何度も水のなかに潜らされていたということであった。
・5 年 1 組の児童全員が心配していた。A 男くんとプールのなかで一緒に遊んでいた男子児童のうち 4 名が泣いたり、気持ち悪さを訴えたため保健室で休ませた。この児童については保護者に迎えに来てもらい、直接担任から保護者に状況を伝えた。
・下校させた後、担任は A 男くんの搬送先の病院に向かった。

た情報で、その度に対応を考えてもらいます。このようにより実際の場面に近い緊張感で、情報を次々に提示し、刻々と状況が変わっていくなかで、学校としてどう対応すべきかを考えていき、判断を求めていきます。そうしたグループでの体験を通して、自分の知識が足りなかった点、深く考えていなかった点、まったく考えついていなかった点に気づき、学校危機への備えにつなげてもら

います。

(2) 危機予防について

　学校危機では、危機が起きた際のことを考える以上に、やはり予防が肝心です。危機は起こらないに越したことはありません。そのため、危機対応を考えた後に、こうした事例が起こらないようにするにはどうしたらよいか具体的な方法についても考えてもらいます。この事例の場合には、安全管理体制はもちろんのこと、いじめ防止対策推進法により定めた学校基本方針に沿った早期対応、道徳教育や人間関係作りについてもふれて、研修後に各学校の基本方針を再度確認してもらうことにつなげていきます。

(3) リラックス法の体験

　最後に、**リラックス法**の体験を行います。この学校危機シミュレーション研修では、時間を区切って、次々に情報を提供し、実際の状況のように、参加者にかなりのプレッシャーをかけ、考えてもらうことを行います。そのため、この研修の最後に必ず行ってもらいたいのが、このリラックス法の体験です。というのも、学校危機発生時には支援者はみずからのケアもかなり意識しながら支援活動を行うことが大事です。シミュレーション研修では、実際の状況に近い状態に置かれ、かなりの緊張状態になります。そのため最後にリラックス法を体験し、みずからの緊張がほぐれることを実感してもらい、実際の学校危機の状況に出会った時に忘れずに実践してもらいます。それは、教職員のメンタルヘルスを守るためだけでなく、子どもたちにもこうした方法を指導できるようにするために必要です。小林ら (2010) で紹介しているような呼吸法、肩や上半身のリラックス法といったワークを 10 分程度行います。

　学校危機への対応というと、教師を目指している学生や初任者の教師には対応できるのかという不安を感じるのも当然でしょう。初任者だけでなく、教職経験を重ねていても学校危機を経験していない教師は学校危機への対応について不安を感じていることがわかっています (小林ら，2015)。しかし、学校危機はいつ発生するかわかりません。初任者であろうが、ベテラン教師であろうが、学校危機が発生したら対応する必要があります。だからこそ、こうした学校危機に関するシミュレーション研修を通して、どのように対応するとよいの

か、教師が自身の知識やスキルの不足だけでなく、学校体制上の問題点にも気づき、そして学校で議論することによって、学校危機を起こさないことにつなげていきます。

（小林　朋子）

［参考・引用文献］

小林朋子・鈴木秀和・渡辺弥生・西山久子（2015）．学校危機を想定したシミュレーション研修に関する研究（1）——いじめの可能性が疑われるプールでの事故を想定して—— 日本学校心理学会第 17 回大会発表抄録，48.

小林朋子・中垣真通・吉永弥生・今木久子・長島康之・石川令子（2010）．支援者のための災害後のこころのケアハンドブック　静岡大学防災総合センター（ダウンロード先：http://tomokoba.mt-100.com/）

望月善次（2015）．被災の町の学校再開　岩手復興書店

文部科学省（2003）．学校の安全管理における取組事例集

山中寛・冨永良喜（2000）．動作とイメージによるストレスマネジメント教育　北大路書房

■■ 第 4 節 ┃ 心のケアの進め方

■ 1. 心のケアのポイント

　災害、事件事故が発生した場合、心のケアが必要であるという認識はもはや常識となっています。しかし、実際に心のケアの実践段階では、間違ったケアもなされてしまうことが度々あり、課題が多いのも事実です。本節では、心のケアを行う際の基本事項について述べていきます。

　まず心のケアの基本として、**サイコロジカル・ファーストエイド**（**Psychological First Aid ; PFA**）があります。PFA は WHO 版や米国版などがあり、いずれも被災した人すべてが重い精神的問題を抱える、あるいは長く苦しみ続けるという観点には立っていません。そのため、PFA はトラウマ的出来事によって引き起こされる初期の苦痛を軽減すること、短期・長期的な適応機能と対処行動を促進することを目的としています。また PFA は、精神科医や臨床心理士といった心理の専門家にしかできないものではなく、消防士や

教師など災害、事故の現場で働くことがある可能性のある人も活用することができます。

米国版のPFAのステップは、

①被災者に近づき、活動を始める（被災者の求めに応じる。あるいは被災者の負担にならない共感的な態度でこちらから手をさしのべる）。

②安全と安心感（当面の安全を確保し、被災者に心と体を休めてもらう）。

③安定化（圧倒され混乱している被災者が落ち着きを取り戻せるようにする）。

④情報を集める：今必要なこと困っていること（周辺情報を集め、被災者が今必要としていること、困っていることを把握する。その上でその人に合ったPFAを組み立てる）。

⑤現実的な問題の解決を助ける（今必要としていること、困っていることを解決するために、被災者を現実的に援助する）。

⑥周囲の人々とのかかわりを促進する（家族や友人など身近にいて支えてくれる人や地域の援助機関との関わりを促進し、関係が保ち続けられるよう援助する）。

⑦対処に役立つ情報（苦しみを軽減し、適応的な機能を高めるために、ストレス反応と対処の方法について知ってもらう）。

⑧紹介と引継ぎ（被災者が今必要としている、あるいは将来必要となるサービスを紹介し、引き継ぎを行う）、

となっています。

心のケアというと、「苦しみの原因となるトラウマとなる出来事を早く話させるべき」と、トラウマを体の傷にたとえて、早く膿を出すことが大事なようにイメージする人もいますが、そうではありません。PFAのプロセスにあるように、まずは安全と安心感を確保し、現実的な問題を解決することが重要なのです。

■ 2. 災害、事件事故を経験した時のストレス反応

災害、事件事故を経験すると起こりやすくなる心身の変化は、「からだ」「気持ち」「行動」「考え方」という大きく4つに分けることができます（小林ら,2010）。

146　第5章　学校危機予防の考え方と予防のあり方

(1) か　ら　だ

「からだ」の変化で、まず重要なのが「睡眠」です。災害や事件事故で神経が高ぶっているとなかなか寝つきにくくなります。この寝つきがいいかどうかも、ストレスがかかり過ぎているかどうかの一つのサインになります。また、2～3時間ごとに起きてしまいぐっすり眠れない、朝起きた時に「寝たのに疲れている」と感じるのも心配なサインです。子どもの場合には、叱らないで添い寝をしてあげるなど、子どもがほっとした気持ちで、安心して眠れる環境を整えてあげることも大事です。ぐっすり眠れないことが2週間以上続いている場合には、無理をさせずに医師などの専門家に相談することも必要です。保護者が精神科への受診に抵抗感がある場合には、まずは避難所にいる保健師や医師への相談を勧めることもできます。また普段の生活のなかでリラックスできる時間をとったりして上手にコーピングできるよう支援していきます。

さらに下痢や便秘、食欲不振なども起こりやすくなるため、危機発生時には睡眠や食事などに配慮し、できるかぎり生活習慣を整えることが重要です。心理と生理との作用・活動が相関関係にあるという「心身相関」という言葉があるように、心だけでなく体の健康も保てるような生活支援を進めていきます。

(2) 行　　　動

危機発生後（とくに、災害直後）は交感神経が高ぶっているために、子どもの場合は興奮しやすく落ち着きがなくなったり、不自然にはしゃぐことが多くみられます。一見、元気な様子であるため、「元気なので大丈夫」と周囲の大人が思ってしまいがちですが、危機発生前と比べて落ち着きがない場合には、それも重要なサインの一つになります。また（主に）思春期以降になると、人とのかかわりを回避するようになり、学校に行くのを嫌がったりすることも出てきたりします。その際、子どもを叱るのではなく、「大変だったね」などと言葉をかけながら、見守ってあげることが大事です。さらに、子ども返りして保護者（特に母親）が見えなくなると泣いたり、べったりとくっついていたがったり、今までできていたことができなくなったりすることもあります。こうした時は、普段と同じ接し方でいいので少し時間をさいて関わってあげ、子どもは甘えることで心が癒されて、徐々に元気が回復していきます。

(3) 気　持　ち

　びくびくしたり、一人でいるのを怖がるなどの反応は、災害の場合、被災直後だけでなく、数年経ってもそうした反応を訴える人が多いことがわかっています。また、ちょっとしたことでイライラしたり、いつも何かに追われていて気持ちが焦っている感じがするといった症状もあります。さらに、気分が落ち込んだり重くなったり、突然涙が出たり、何もやる気がなくなる無力感、誰にもわかってもらえないという孤独感などが出てくることがあります。子どもの場合だと、学校に行くのを嫌がったりするなど人を避ける行動に注意することが必要です。さらに、悲しいや嬉しいといった気持ちが起こらず、何も感じない状態になることがあります。それはその体験があまりにも衝撃的で、その記憶や感情を凍結してしまわないと自分を保っていられない状況なのです。いわゆる、心を保つためのセーフティモードが作動している状態です。こうした場合には、家庭や学校で子どもがほっとできる環境を整えながら、状況に応じて専門家の力を借りることも必要です。

(4) 考　え　方

　危機を体験すると、物事に集中できなくなったり、考えがうまくまとまらないといったこともみられます。子どもの場合、そうした表れは学習に集中できなくなることによる成績の低下などで出てくることがあります。とくに思春期以降は、保護者に心配をかけないよう頑張ってしまうために、こうした表れで周囲の大人がわかりにくいことがあるので注意が必要です。また、衝撃的な記憶が無意識に思い出され、現実に起こっているかのような感覚になるフラッシュバックや、その時の状況を聞かれても記憶がなかったり、とぎれとぎれでよく覚えていないことなどもみられることがあります。その場合は、スクールカウンセラーや精神科医のアドバイスを受けながら、家庭や学校での生活を支えていくことが必要です。また、“悪い子だからバチがあたった”というように、自分を責めるとらえ方をする場合には、自然現象だという事実を伝え、「がんばっていてエライよ」など良いところを褒めるかかわりをしていくとよいでしょう。

■ 3. 事件事故、災害での対応

事件事故後の支援として、窪田ら（2005）は以下の３つのポイントをあげています。

①事件・事故についての正確な情報を伝え、共有すること。
②危機的な出来事を体験した際のストレス反応とそれに対する対処方法についての情報提供を行うこと（心理教育）。
③事件・事故についての各自の体験をありのままに表現する機会を保障すること。

危機的な出来事が起きると、情報の混乱が起き、必要な情報がうまく伝わらなかったり、噂や憶測などの間違った情報が広がったりするなど、より混乱が深まりやすいものです。そのため、正確な情報をできるだけ早い段階で伝え、教職員、児童生徒、保護者で共有することが必要です。さらに、ストレスのメカニズムや心身の変化について知り、どのようにそのストレスに対処すればよいかを考えたり、実際にリラックス法を体験して**セルフケア**ができるようにすることも非常に重要です。こうした心理教育とストレスマネジメントは、早期に、かつ集団を対象に行うことができるため（もちろん、個別に行ってもよい）、混乱した気持ちを落ち着かせることができます。また、学校体制を整えた上で、アンケートなどを活用して、子どもたちに今の自分の状態をありのままに表現してもらい、その後、個別に話を聴くなど、子どもたちが個々の体験を表現する（できる）機会を保障することも必要となります。

(小林　朋子)

[引 用 文 献]

福岡県臨床心理士会・窪田由紀・向笠章子・林幹男・浦田英範（2005）．学校コミュニティへの緊急支援の手引き　金剛出版

兵庫県こころのケアセンター（2009）．サイコロジカル・ファーストエイド実施の手引き第2版日本語版（ダウンロード先：http://www.j-hits.org/psychological/）

小林朋子・中垣真通・吉永弥生・今木久子・長島康之・石川令子（2010）．支援者のための災害後のこころのケアハンドブック　静岡大学防災総合センター（ダウンロード先：http://tomokoba.mt-100.com/）

第4節　心のケアの進め方　149

[参 考 文 献]

白川美也子 (2016). 赤ずきんとオオカミのトラウマ・ケア　アスク・ヒューマン・ケア

高木慶子 (2011). 悲しんでいい　NHK 出版新書

冨永良喜 (2014). 災害・事件後の子どもの心理支援　創元社

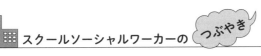

【スクールソーシャルワーカーの支援事例】 スクールソーシャルワーカー（以下、SSW）は、「社会福祉に関する専門的な知識や技術を有する者で、問題を抱えた児童生徒に対して当該児童生徒が置かれた環境への働きかけや、関係機関とのネットワークの構築など、多様な支援方法を用いて課題解決」（神奈川県教育委員会，2011）をします。以下の事例は、教育センターに所属する派遣型 SSW へ、学校から要請がある典型例です。

小学1年生の A くんは、夏休み明けより不登校となりました。家族構成は、お母さん（無職）とお兄さん（無職）の三人暮らしで、現在、世帯は生活保護を受給中です。学校は、A くんが登校しないため、何度も電話をかけ、家庭訪問もしましたが、応答がありません。以前の学校生活は、約7割の出席率であり、学習はサポートを受けながら取り組みました。友だちとのトラブルはありませんでした。

　学校は SSW に支援依頼をし、SSW が情報収集をしたところ、機関連携ケース会議を行うことを薦めました。まず、SSW は学校のコーディネーター（以下、CO）とケース会議の参加者を選定し、会議を行うまでのサポートを行いました。会議の参加者は、学校（管理職、担任、CO、SC）、役所の生活保護課ケースワーカー（以下、CW）、児童相談所、SSW です。会議での情報により、家庭全体の生活リズムが崩れていることも不登校の大きな要因の一つと考えられ、お母さんは障害のあるお兄さんの世話をすることで精一杯であることがわかりました。

　CW と母は定期的に会っていたので、CW を軸とし、以降の本児および家庭の支援のため、学校と外部機関がチームで対応することになりました。支援の方向性は、「①本児が登校できるようになる、②本児の学習環境を整える、③家庭支援をする」、具体的には、「① CW が保護者へ SSW を紹介する、②学校は家庭訪問等を行い、登校を支援する」です。この結果、保護者が SSW とつながりました。SSW は CW とともに、兄が通所できる作業所を紹介するなど、家庭内の支援について取り組み、学校は登校を支援し、徐々に登校できるようになりました。このように、SSW は児童生徒の支援だけではなく、児童生徒の置かれた環境への支援も視野に入れ、問題を解決するサポートをしています。

（岡安　朋子）

引用文献：神奈川県教育委員会（2011）.「スクールソーシャルワーカー活用ガイドライン」

スーパーバイザーの つぶやき

【多職種の連携支援】 ここでは、心理や福祉の専門家と先生との連携・協働の事例を紹介しましょう。

1．事例　中学１年生Ａ男は小学３年時に友だちとのトラブルが続きました。父親はこの時期からＡ男が小学校を卒業するまで教室にいる彼の隣に座っていました。父親は無職で断続的に医療機関にかかり、長いあいだ引きこもっていました。Ａ男が中学校に入ると、学校は父親に別室での待機を求めました。父親はその時からＡ男を登校させなくなったので、母親は困惑していました。Ａ男の家庭は父親とパートで家計を支える母親との３人でした。中学校はスクールカウンセラーとスクールソーシャルワーカー（以下、SC、SSWと表記）にＡ男の登校を促してほしいと依頼をしました。

2．事例の解決に向けて、先生方とSC、SSWとが集まりケース会議を開きました。会議のメンバーは、生徒指導主事や学年主任、担任、SC、SSWで、時には管理職も参加します。初期の会議では、役割分担をして情報を収集し、それらをもとに話しあい、事例の見立てや方針を立てました。Ａ男の不登校や父親の状況に苦悩する母親、知的にはあまり高くはないが、Ａ男は学校外では友だちと遊ぶことができました。解決へのキーパーソンは母親、SCと母親との面接を通して、ゆっくり父親の学校への拒否感や孤立感を軽減させながら、機会をとらえてSSWが戸外でＡ男と関われる場面をつくっていくという方針とかかわり方で支援が始まりました。また、母親とSC、SSWが協働して父親の状況改善のための医療・福祉機関とのかかわり方を探索することもしました。しばらくすると、母親はSCとの面接後に担任と話すようになりました。一方、Ａ男はSSWと家の近くの公園で遊べるようになり、数ヵ月後には母親やSWWとともに学校に行き、担任と話せるようになりました。こうした状況になるまでには、何度も小さなケース会議を開き、事例の見立てやそれぞれの役割やかかわり方を見直しています。２年後にはＡ男が学級で生活し、父親は時には戸外に出るようになりました。

3．重要なポイント：このように多職種連携支援では、先生との共通理解の場やチーム会議（数人の会議から大きな全体会議）を必ずもち、それぞれの役割と行動を共通理解することが大切です。このことが、支援メンバーすべてに子どもの成長支援のためのチームの一員であるという自覚と意識をもたせることにつながります。（この事例は複数の事例を統合した架空事例です。）

（小林　由美子）

CHAPTER 6

求められる生徒指導と教育相談

■ 第1節 ║ 人権教育

　もし、あなたが女性で進学し学びたいと思っているのに、「女の子だから、学歴は必要ない」と言われたり、なんらかの障害があり進学を希望した時に「障害があるなら、大学進学なんて無理だね」と言われたとしたら、どんな気持ちになるでしょうか？　とても嫌な気持ちになると思います。それだけでなく、そう言った人は、あなたの人権を尊重しない、人権感覚に乏しい人だといえるかもしれません。しかし、以前の日本ではこのようなことはよくあることでした。海外では女性が首相になり、日本でも障害のある人たちが大学進学する時代に、古い感覚のまま大人になった一部の人たちが、人権感覚に欠けた言動をしているかもしれません。

　人権を尊重できる社会をつくるために、学校教育での人権教育は重要です。同時に学校では、人権教育を行うことに加え教師も子どもも人権を尊重できる環境づくりが求められます。とくに教員や教員を目指す人にとって身近なこととして、児童生徒一人ひとりの違いに気づき、学校にあたたかい学びやすい環境を用意し「いじめ」に早期に気づき深刻化を防ぐことは、学級経営や生徒指導とも関連し大切な仕事といえます。なぜなら、「いじめ」は、心身ともに安全や学習の権利を奪う「人権侵害」だからです。また、学校における教師による体罰や暴言も「人権侵害」です。

　それでは、**人権**とは何でしょうか？　日本国憲法では、人権の尊重は基本理念の一つです。日本では人権に関して諸制度の整備や諸施策の推進がなされ、近年では、情報化、国際化、少子化などによる急激な社会変化によって、インターネット上の人権侵害などあらたな人権問題もみられます(平成28年度法務省)。また、子どもの人権に関しては、文部科学省の平成27年度「児童生徒の

問題行動など生徒指導上の諸問題に関する調査」では、小・中・高等学校の暴力行為の発生件数は5万6806件、いじめの認知件数22万5132件であり、さらに、全国児童相談所における児童虐待に関する相談対応件数も、平成27年度には10万3286件と増加しています。このような現状から、国は、国民に対する人権教育・啓発を推進し、その全体像は平成29年度の人権教育・啓発白書に紹介されています。ここでは、人権とは何か、**人権教育**とは何か、人権教育の主な領域、学校における人権教育の推進について文部科学省がホームページで公開している見解をもとに解説します。

■ 1. 人権とは？

人権は、「人々が生存と自由を確保し、それぞれの幸福を追求する権利」と定義されます（人権擁護推進審議会答申（平成11年））。人権の内容には、生命や身体の自由の保障、法の下の平等、衣食住の充足などの権利が含まれ、人が幸せに生きる上で必要な思想や言論の自由、集会・結社の自由、教育を受ける権利、働く権利なども含まれ、このような権利の全体を人権と呼びます。人権侵害は許されませんし、すべての人は尊厳と価値の尊重を要求できますが、同時に、他の人の尊厳や価値を尊重する義務が生じます。平成28年度の国の取り組みでは、女性、子ども、高齢者、障害者、同和問題をはじめとする17項目が強調され、人権擁護に関して幅広い事項が網羅されています。

■ 2. 人権教育とは

人権教育及び人権啓発の推進に関する法律（平成12年法律第147号）では、人権教育とは、「人権尊重の精神の涵養を目的とする教育活動（第2条）」とされます。国連の「人権教育のための世界計画」行動計画では、人権教育について「知識の共有、技術の伝達、及び態度の形成を通じ、人権という普遍的文化を構築するために行う」とし、次のように述べています。つまり、人権教育は、人権に関する知的理解と人権感覚を養うことを基盤として、意識、態度、実践的な行動力などさまざまな資質や能力を育成し、発展させることを目指す総合的な教育で、3つの側面　（1. 知識的側面、2. 価値的・態度的側面、3. 技能的側面）

154　　第6章　求められる生徒指導と教育相談

からなります。

表6-1　人権教育で培う3側面

1．知識的側面
自他の人権を尊重したり人権問題を解決したりする上で具体的に役立つ知識。 たとえば、自由、責任、正義、個人の尊厳、権利、義務などの諸概念、人権の歴史や現状、国内法や国際法、自他の人権を擁護し人権侵害予防や解決に必要な実践的知識。
2．価値的・態度的側面
人間の尊厳の尊重、自他の人権の尊重、多様性に対する肯定的評価、責任感、正義や自由の実現のために活動しようとする意欲。人権に関する知識や人権擁護に必要な諸技能を人権実現のための実践行動に結びつけるには、価値や態度の育成が不可欠。
3．技能的側面
コミュニケーション技能、合理的・分析的に思考する技能や偏見や差別を見きわめる技能、相違を認めて受容できるための諸技能、協力的・建設的に問題解決に取り組む技能、責任を負う技能などが含まれる。

■ 3．学校における人権教育

　人権教育・啓発推進法では、「国民が、その発達段階に応じ、人権尊重の理念に対する理解を深め、これを体得することができるよう（第3条）」にすることを、人権教育の基本理念としています。学校での人権教育の取り組みは、教職員の理解を基盤として、組織的・計画的に進める必要があります。また、目標の明確化により、組織的取り組みが可能となり、評価の視点も明らかになります。一人ひとりの児童生徒がその発達段階に応じ、人権の意義・内容や重要性について理解し、[自分の大切さとともに他の人の大切さを認めること]ができること、そのことが、具体的な態度や行動に現れ、人権が尊重される社会づくりに向けた行動につながるようにすることが人権教育の目標です。学校や児童生徒の実態に応じて、人権教育によって達成しようとする目標を具体的に設定し主体的な取り組みを進めることが求められています。

（1）学校における人権教育の取り組みの視点と組織的推進

　[自分の大切さとともに他の人の大切さを認めること]ができるために必要な人権感覚を身につけるためには、児童生徒が一人の人間として大切にされてい

ると実感できることが大切です。その上で、自己や他者を尊重しようとする感覚や態度の育成が求められます。具体的には、各学校において、教育活動全体を通じて、たとえば、表6-2に示す力や技能などを総合的にバランスよく培います。これらの知識技能と人権感覚を、「学習活動づくり」や「人間関係づくり」と「環境づくり」と一体化し学校全体としての取り組みにつなげます。それを組織的に行うために、校長がリーダーシップを発揮し、教職員が一体となって人権教育に取り組む体制を整え、人権教育の目標設定、指導計画の作成や教材の選定・開発・取り組みがたびたびあるので、組織的・継続的に行い、活動全体の評価のなかで定期的に点検・評価を行い、主体的な見直しを行います。

表6-2　人権教育で培う力や技能

① 他の人の立場に立ってその人に必要なことやその人の考えや気持ちなどがわかるような想像力、共感的に理解する力。
② 考えや気持ちを適切かつ豊かに表現し、また、的確に理解することができるような、伝えあい、わかりあうためのコミュニケーションの能力やそのための技能。
③ 自分の要求を一方的に主張するのではなく建設的な手法により他の人との人間関係を調整する能力および自他の要求をともに満たせる解決方法を見出してそれを実現させる能力やそのための技能。

(2) 人権教育のための具体的な取り組み

①人権尊重の精神に立つ学校づくりを行うには？

学校では、教科等指導、生徒指導、学級経営など、その活動の全体を通じて、人権尊重の精神に立った学校づくりを進めます。すべての教職員が意識的に参画し、人権が尊重される学校教育を実現・維持するための環境整備に取り組みます。その上で、児童生徒間の望ましい人間関係を形成し、人権尊重の意識と実践力を養う学習活動の展開が求められています。

②人権教育の充実を目指した教育課程の編成

人権教育について、各教科等のそれぞれの特質に応じ、教育活動全体を通じて推進していくことが大切です。また、教育課程の編成には、地域の教育力の活用や活動を取り入れ、一斉、グループ、個別などの学習形態を工夫し、一人

ひとりが大切にされる授業等を通じ、児童生徒が輝ける活動を通じて人権意識等や実践力が身につくように指導を行うことが必要です。

　人権教育は、**生徒指導**や、**学級経営**、**学力向上**とも関係が深いのです。生徒指導は、個々の児童生徒の自己指導力を伸ばす積極的な面に意義があり、一人ひとりの児童生徒が大切にされることを目指す人権教育の活動とも共通点が多く、暴力行為やいじめ等の生徒指導上の諸問題の未然防止にもつながります。児童生徒の肯定的なセルフイメージの形成、受容的・共感的・支持的な人間関係を育成する自己決定の力や責任感の育成などの人権教育の取り組みについても、「積極的な生徒指導」の取り組みの連動で効果を上げることが期待できます。児童生徒の問題行動等への対応などの消極的な生徒指導についても、暴力行為、いじめ、不登校、中途退学などの問題は、人権侵害にもつながるととらえられます。とくに、いじめや校内暴力などには、学校として、まず被害者を守り抜く姿勢を示し、問題発生の要因・背景を多面的に分析し、加害者である児童生徒の抱える問題等への理解を深め、その行為に対しては、毅然とした指導を行い被害者の人権を守る姿勢が求められると思います。

　人権教育の推進には、学校が人権が尊重され、安心して過ごせる場である必要があります。的確な児童生徒理解のもと、学校生活全体において人権が尊重されるような環境づくりが重要です。そのために、教職員が、自他のよさを認めあえる人間関係を相互に形成していけるように、学級経営のなかで、児童生徒の意見を受けとめて聞き、明るく丁寧な言葉で声かけを行い、児童生徒に対しかけがえのない一人の人として接することが求められます。

　また、国内外の「効果のある学校 (effective school)」の研究では、「教育的に不利な環境のもとにある児童生徒の学力水準を押し上げている学校」では、学力の向上と人権感覚の育成とが併せて追求されており、人権感覚の育成は、児童生徒の自主性や社会性などの人格的な発達を促進するばかりでなく、学校の役割の大事な部分を占める学力形成においても成果を上げていることが指摘されているのです。

（納富　恵子）

［引 用 文 献］

法務省・文部科学省編　平成 29 年度版　人権教育・啓発白書　勝美印刷株式会社（平成 29
　　年 6 月 15 日）

文部科学省　人権教育
　　http://www.mext.go.jp/a_menu/shotou/jinken/index.htm　（平成 29 年 9 月 11 日）

文部科学省　人権教育　法務省　啓発冊子　マンガで考える『人権』みんなともだち
　　http://www.moj.go.jp/content/001154459.pdf（平成 29 年 9 月 11 日）

第 2 節 ‖ インクルーシブ教育

　国連の障害者の権利条約の批准に伴い、日本でもインクルーシブ教育の実現
が、学校に求められています。少子化にもかかわらず、特別な教育的支援を必
要とする児童生徒は増えています。実態把握をもとに一人ひとりを細やかに教
育する特別支援教育に加え、障害のある者とない者が可能なかぎりともに学ぶ
仕組みであるインクルーシブ教育システムの構築は、日本の重要な教育課題で
す。本節では、日本におけるインクルーシブ教育システムの構築とは、何を目
的とし、教員には何が求められているかについて紹介します。

■ 1. インクルーシブ教育とは？

　「共生社会の形成に向けたインクルーシブ教育システム構築のための特別支
援教育の推進（報告）」が平成 24 年 7 月 23 日に、中央教育審議会中等教育分科
会から提出されました。この報告では、共生社会の形成に向けたインクルーシ
ブ教育システム構築のための特別支援教育が着実に推進されることで、障害の
有無にかかわらず、すべての子どもにとって、良い効果をもたらすことが期待
されています。これは、表 6-3 に示す、国内外の条約や法律に基づいています。
また、その内容には、①共生社会の形成に向けて（共生社会の形成に向けたインク
ルーシブ教育システムの構築）、②就学相談・就学先決定のあり方について、③障
害のある子どもが十分に教育を受けられるための合理的配慮およびその基礎と
なる環境整備、④多様な学びの場の整備と学校間連携等の推進（多様な学びの場
の整備と教職員の確保、学校間連携の推進、交流および共同学習の推進、関係機関等の連携）、

⑤特別支援教育を充実させるための教職員の専門性向上等、教職員の専門性の確保について、が報告されています。

表6-3　インクルーシブ教育システムの前提となる法律などの動き

国連の障害者の権利に関する条約　　（平成18年12月採択、平成20年5月発効）
日本　同条約に署名（平成19年9月）批准（平成26年）
中央教育審議会初等中等教育分科会特別委員会が設置　（平成22年）
障害者基本法改正（平成23年）
国内の関連法の改正
障害者差別解消法の成立（平成24年）施行（平成28年）

　障害者基本法改正では、第十六条で「教育に関して、国及び地方公共団体は、障害者が、その年齢及び能力に応じ、かつ、その特性を踏まえた十分な教育が受けられるようにするため、可能な限り障害者である児童及び生徒が障害者でない児童及び生徒と共に教育を受けられるよう配慮しつつ、教育の内容及び方法の改善及び充実を図る等必要な施策を講じ、その目的を達成するため、障害者である児童及び生徒並びにその保護者に対し十分な情報の提供を行い可能な限りその意向を尊重しなければならない」としています。さらに、「障害者である児童及び生徒と障害者でない児童及び生徒との交流及び共同学習を積極的に進め、その相互理解を促進し、障害者の教育に関し、調査及び研究並びに人材の確保及び資質の向上、適切な教材等の提供、学校施設の整備その他の環境の整備を促進しなければならない」としています。

　それでは、インクルーシブ教育の、インクルーシブとは何でしょうか？　これは、英語では、inclusive という形容詞で、包み込むとか包摂するという意味です。反対語は、exclusive で、排除的という意味です。簡単にいえば、インクルーシブとは、誰も仲間はずれにせず、折りあい支えあい、それぞれ存在が尊重される状態といえるでしょう。つまり、能力や特性に配慮され質の高い十分な教育を受けることができるように、障害があっても可能な限り、同世代の子どもたちとともに学べるように、教育内容や方法の改善充実を図り、その実現にむけ家族と本人に十分な情報提供を行い、条件整備していくことが国や

地方自治体に求められているのです。

■ 2. インクルーシブ教育の目的は

　では、インクルーシブ教育の目的は何でしょうか？　前述の報告書によれば、「共生社会」を形成していくことにあるといえます。「共生社会」とは、これまで必ずしも十分に社会参加できるような環境になかった障害者が、積極的に参加・貢献していくことができ、誰もが相互に人格と個性を尊重し支えあい、人々の多様なあり方を相互に認めあえる全員参加型の社会とされ、このような社会の実現が、わが国が、積極的に取り組むべき重要な課題とされています。

　障害者の権利に関する条約第24条では、「インクルーシブ教育システム」（inclusive education system、署名時仮訳：包容する教育制度）とは、人間の多様性の尊重等の強化、障害者が精神的および身体的な能力等の可能な最大限度まで発達することや、自由な社会への効果的な参加を可能とする目的で、障害のある者と障害のない者がともに学ぶしくみで、障害のある者が「general education system」（署名時仮訳：教育制度一般）から排除されないこと、自己の生活する地域において初等中等教育の機会が与えられること、個人に必要な「合理的配慮」が提供されること等が必要とされています。共生社会の形成に向けて、インク

表6-4　インクルーシブ教育システム構築で重要な取り組み

①障害のある子どもの、自立と社会参加のために、医療、保健、福祉、労働等との連携強化や、社会全体のさまざまな機能を活用して十分な教育が受けられるように教育の充実を図る。

②障害のある子どもが、地域社会のなかで積極的に活動し、その一員として豊かに生きることができるよう、地域の同世代の子どもや人々の交流等を通して地域での生活基盤を形成する。

③障害者理解を推進し、周囲の人々が、障害のある人や子どもと共に学びあい生きるなかで、公平性を確保しつつ社会の構成員としての基礎を作る。学校において、これを率先して進める。

④できるだけ同じ場で共に学ぶことを目指すが、子どもが、授業内容がわかり学習活動に参加している実感・達成感をもち、充実した時間を過ごし生きる力を身につけていけるかがもっとも本質的で、そのための環境整備が必要。

第6章　求められる生徒指導と教育相談

ルーシブ教育システム構築が求められ、そこには特別支援教育の充実が必要とされます。ただし、インクルーシブ教育システムでは、同じ場で共に学ぶことを目指しますが、個別の教育的ニーズのある幼児児童生徒に対して、自立と社会参加を見据えて、その時点で教育的ニーズにもっとも的確に応える指導を提供できるように多様で柔軟なしくみの整備が重要視されています。小・中学校における通常の学級、通級による指導、特別支援学級、特別支援学校といった、連続性のある「多様な学びの場」が用意される必要があります。また、表6-4に示す4つの取り組みが必要とされます。

■ 3. インクルーシブ教育システム構築で教員が取り組むこと

　インクルーシブ教育システム構築では、丁寧な教育を行うための「基礎的環境整備」を充実させ、具体的な障害などの教育的ニーズに対応した「合理的配慮」を、実施していくことになります。障害のある子どもに対する支援は、法令に基づき又は財政措置により、国は全国規模で、都道府県は各都道府県内で、市町村は各市町村内で、教育環境の整備が行われますが、これらは、「合理的配慮」の基礎となる環境整備であり、「基礎的環境整備」と呼ばれます。「合理的配慮」は、障害のある子どもが、他の子どもと平等に「教育を受ける権利」を享有・行使することを確保するために、学校の設置者及び学校が必要かつ適当な変更・調整を行うことであり、障害のある子どもに対し、その状況に応じて、学校教育を受ける場合に個別に必要とされるものであり、学校の設置者及び学校に対して、体制面、財政面において、均衡を失した又は過度の負担を課さないものと定義されています。障害者の権利に関する条約では、「合理的配慮」の否定は、障害を理由とする差別に含まれるとされています。

　それでは、教員は何に取り組めばよいでしょうか。前述した多くの法律の改正によって、学校は、「合理的配慮」を行う義務があることを理解することが大切です。障害のある児童生徒を、一人で抱え込むのではなく、校内委員会等で情報を共有し、校長のリーダーシップのもと、国立特別支援教育総合研究所が提供している、データベースなどを活用し、一人ひとりの児童生徒に最適な「合理的配慮」を考え、保護者や本人と合意形成を図りながら「個別の教育支

援計画」に記載し、引き継ぎを確実に行うことが求められると考えます。

表6-5 インクルーシブ教育システムを推進するために参考になるサイトの紹介

国立特別支援教育総合研究所　インクルDB（インクルーシブ教育システム構築支援データベース）

① 『「合理的配慮」実践事例データベース』：文部科学省の「インクルーシブ教育システム構築モデル事業」において取り組まれている実践事例について検索するシステム

② 『相談コーナー』：都道府県・市区町村・学校からのインクルーシブ教育システム構築の相談。

③ 『関連情報』：インクルーシブ教育システム構築に関連するさまざまな情報を掲載。

（納富　恵子）

［引 用 文 献］

文部科学省 「共生社会の形成に向けたインクルーシブ教育システム構築のための特別支援教育の推進（報告）」平成24年7月23日

［参 考 文 献］

コレット・ドリフテ，納富恵子（監訳）（2006）．特別支援教育の理念と実践　ナカニシヤ出版

韓昌完・小原愛子・矢野夏樹・青木真理恵（2013）．日本の特別支援教育におけるインクルーシブ教育の現状と今後の課題に関する文献的考察——現状分析と国際比較分析を通して——　琉球大学教育学部紀要，*83*，113-120

国立特別支援教育総合研究所　インクルDB

http://inclusive.nise.go.jp/?page_id=13　（平成28年9月23日）

■■ 第3節 ‖ カリキュラム・マネジメント

　学校で行われる教育は、小学校や中学校という校種や学年が同じであればどの学校でも同じと考えられるでしょうか。答えは、同じともいえるし、違うともいえます。つまり、学校における教育は文部科学省の示す**学習指導要領**を基礎にしていることは共通しています。しかし、それぞれの学校に通う子どもたちや地域の実情は異なるため、実情に合わせた教育目標を設定し教育を行う必

要があります。そのため、教育内容に違うところがあるとも考えられるわけです。それぞれの学校で教育目標に即した教育内容を考えていくためには、同一教科や学年の枠を超えたより大きな枠組みでの視点とそれを可能にする運営体制、つまり**カリキュラム・マネジメント**が必要になります。

　それでは、カリキュラム・マネジメントとは、具体的にどのようなことを指すのでしょうか。これについては、文部科学省 (2015) が以下の3つの側面を示しています。

①各教科等の教育内容を相互の関係でとらえ、学校の教育目標をふまえた教科横断的な視点で、その目標の達成に必要な教育の内容を組織的に配列していくこと。

②教育内容の質の向上に向けて、子どもたちの姿や地域の現状等に関する調査や各種データ等に基づき、**教育課程**を編成し、実施し、評価して改善を図る一連の **PDCA サイクル**を確立すること。

③教育内容と、教育活動に必要な人的・物的資源等を、地域等の外部資源も含めて活用しながら効果的に組み合わせること。

　つまり、教育目標を達成するために、異なる教科間でつながりをもたせたり、外部資源を活用したりするために具体的な教育内容を整理し決めること、そして、それをただ実行するのではなく、実情に応じて改善をくり返していくことだといえます。つまり、カリキュラム・マネジメントを行うことで、子どもたちの発達段階や地域の状況に合った学びを提供することができ、その力をよりよく育むことにつながるのです。それは、豊かな人間性の育成を目指す生徒指導や教育相談の目標とも合致します。

　以下では、実際にカリキュラム・マネジメントを行う場合に必要となる考え方や実施の手順、注意すべき点について述べていきます。

■ 1. カリキュラム・マネジメントの全体構造

　カリキュラム・マネジメントは、教育目標の実現のために、学校の教育活動と経営活動の全体を工夫し、改善していこうとする考え方です。田村・村川・吉冨・西岡 (2016) は、カリキュラム・マネジメントの全体構造をモデルとして

第3節　カリキュラム・マネジメント　｜　163

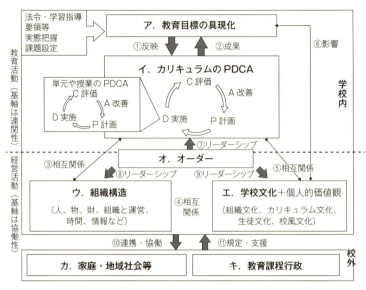

図6-1 カリキュラム・マネジメント・モデル（田村・村川・吉冨・西岡, 2016）

図示しています（図6-1）。

　まずは、教育目標の具現化に始まり、目標達成のための具体的な手段としてカリキュラムのPDCAが実行されます。カリキュラムのPDCAを実施するためには、学校の組織構造や学校文化が関わってきます。管理職をはじめとしたリーダーは、学校の組織構造や学校文化に強い影響力をもつ立場です。ただし、リーダー的地位についていない教員であっても、必要に応じて**リーダーシップ**を発揮する場合があるでしょう。さらに学校内での取り組みだけでなく、家庭・地域社会等や行政との連携が重要となります。平成29年3月に公示された小学校学習指導要領の序文のなかでは、「それぞれの学校において、必要な学習内容をどのように学び、どのような資質・能力を身につけられるようにするのかを教育課程において明確にしながら、社会との連携および協働によりその実現を図っていくという、社会に開かれた教育課程の実現が重要となる」と書かれています。たとえば、学校と地域の人々がこれからの社会を生きる子どもたちのために目標やビジョンを共有し、連携・協働しながら教育を進めて

いく**コミュニティ・スクール**という考え方があります。このコミュニティ・スクールのしくみを整えることの努力義務化や取り組みの充実を内容とする「地方教育行政の組織及び運営に関する法律」が改正され、平成29年4月1日から施行されました。このことから今後さらに学校と地域社会の連携・協働のもとにカリキュラム・マネジメントを実行することになるでしょう。

■ 2. PDCA サイクルの実施

PDCA サイクルというのは、Plan（計画）−Do（実施）−Check（評価）−Action（改善）の一連の流れです。これを PDS (Plan-Do-See) とする場合もありますが（たとえば、中留・曽我. 2015）、いずれにしても計画実行の後評価を行い改善するというプロセスは同じといえます。カリキュラムの PDCA サイクルについては、年間指導計画作成までの流れ、単元レベルでの流れ、授業レベルでの流れのなかで行われるものが考えられます。

年間指導計画作成については、それ以前に実施されていたカリキュラムの評価・改善から行うことが一般的です。つまり、前年度のカリキュラムの評価（C）をふまえて改善（A）・計画（P）を行っていきます。前年度のカリキュラムを改善したものとして、1年間の各教科等における学習内容や学習時間・時期等を定めた全体指導計画を作成します。その後、単元レベルでのより詳細な年間の指導計画がつくられるわけです。

いずれの教科・特別活動等においても知識の理解の質を高め・資質能力を育む「**主体的・対話的で深い学び**」につながる教育内容・方法をとる必要があります。そのためには、各授業内で積極的に子どもたちが発言できる、そして気づきをもてる方法をとるだけでなく、他の教科との連携を考えていくことが求められています。田村 (2017) は、これまでの**年間指導計画**だけでは各教科等で学ぶ内容や各教科等で育成される資質・能力、そこで行われる学習活動の関係性が丁寧に整理されていない傾向を指摘しています。そこで具体的には、1年間で行われる各教科等の単元のつながりを俯瞰する**単元配列表**を作成することを1つの方法として提案しています。この1年間の単元配列表は固定的なものではなく、実際に授業を行いながら少しずつ修正します。実際に単元が進めら

第3節　カリキュラム・マネジメント　165

れるなかで、子どもたちの関心が広がることや予想以上の成長をみせることもあるでしょう。単元の進展のなかで、子どもたちの変化をふまえて PDCA サイクルを回し、よりよい計画につなげます。そして、個々の教員は授業の度にその内容をふり返り、改善につなげる授業単位での PDCA サイクルを回していきます。通常の子どもの様子をふまえた授業内での働きかけの仕方や、時には単元のねらいや他の教科との連携の可能性、実際に全体目標の達成につなげていけそうかなど定期的にふり返りながら、授業改善を進めていきます。

■ 3. カリキュラム・マネジメントの留意点

　カリキュラム・マネジメントは教育目標を達成するために行われるものです。教師は、子どもたちにどのような資質・能力を育成したいのか考える際に、まずは目の前の子どもたちの姿を正確にとらえ、それをふまえてより実現可能性の高い目標を選択する必要があります。時に、**教育目標**は管理職が決めるもの、という思いをもっている教員がいるかもしれません。しかし、管理職は子どもたちの姿についての教員からの報告や情報がなければ、子どもを理解した上での現実的な目標を決めることが難しいのです。田村・村川・吉冨・西岡 (2016) は、学校の教育目標について、校長だけでなく教員の教育理念・哲学、あるいは教育ビジョンが問われると述べています。管理職にかぎらず、すべての教員が教育目標に積極的な関心をもち、日々の実践から培ってきた**教育観**や子どもの姿をもとに目標を設定する必要があります。

　そして当然ながら教員全員がカリキュラム・マネジメントを共通して理解し、実現することが必要です。ともすれば、教科や学級単位での状況や事情の違いに目を奪われてしまい、共通の目標に向けて動いているのだという実感をもちづらいことがあるかもしれません。しかし、子どもは特定の時間のなかだけで学んでいるのではなく、学校生活のあらゆる体験・経験を通して学んでいます。あらゆる体験・経験をより効果的につなげていくためにカリキュラム・マネジメントは行われるべきであり、そのために**教員全員の理解**と相互の**連携・協力**が必須であるといえます。

　また、カリキュラム・マネジメントは授業についての改善だけを考えるもの

ではありません。古谷 (2016) は、教員一人ひとりのカリキュラム・マネジメント実施を促進するための組織的な取り組みの事例を紹介しています。そのなかでは、教員が PDCA サイクルをもとに、他の教員と連携して、清掃活動を改善した例や、特別支援教育用の指導カードを用いて全校集会中の低学年の子どもを効率よく指導できたことが報告されています。こうした教員によるカリキュラム・マネジメントとその具体的な PDCA サイクルの手法は、子どもたちの積極的な学びにつながるあらゆる場面に活用できると考えられます。

(迫田　裕子)

[引 用 文 献]

文部科学省 (2015). 中央教育審議会　初等中等教育分科会　初等中等教育分科会 (第100回) 資料1　教育課程企画特別部会　論点整理

文部科学省 (2017). 小学校学習指導要領

田村知子・村川雅弘・吉冨芳正・西岡加名恵 (編著) (2016). カリキュラムマネジメントハンドブック　ぎょうせい

[参 考 文 献]

古谷成司 (2016). 教員一人一人のカリキュラム・マネジメントに向けた実践的研究──分析・改善を意識した組織的な取り組み──　授業実践開発研究, *9*, 61-70.

中留武昭・曽我悦子 (2015). カリキュラムマネジメントの新たな挑戦──総合的な学習における連関性と協働性に焦点をあてて──　教育開発研究所

田村学 (2017). カリキュラム・マネジメント入門　東洋館出版社

第4節 ‖ 他教科との連携

　異なる教科と連携するように求められた時、どのようなイメージをもつとよいのでしょうか。ここで求められる連携とは、たとえば、体育や音楽のそれぞれの時間に学んだことや感じたことを国語の時間に作文で表現することなどです。このように異なる教科をつなげていく必要があるのはなぜでしょうか。

　文部科学省は、平成29年3月公示の**学習指導要領**の改訂のポイントで「教科等の目標や内容を見渡し、特に学習の基盤となる資質・能力 (言語能力、情報活用能力、問題発見・解決能力等) や現代的な諸課題に対応して求められる資質・

能力の育成のためには、**教科横断的な学習を充実する必要」**があることを指摘しています。つまり、各教科では、それぞれの専門的な知識・技能を育てるだけでなく、学習の基盤となる能力や現代的な問題に対応できる資質や能力を養うことが目指されているのです。そうした資質・能力をより効果的に育てるためには、特定の科目だけで閉じてしまうのではなく、他の科目とのつながりをもたせることが必要だと考えられています。

　以下では、他教科との連携を行うために必要となる教科横断的なカリキュラムを実際に作成するための進め方、そしてそれらを実行するために必要となる学内外連携のあり方、そして**他教科連携**と教育相談・生徒指導とのかかわりについてみていきます。なお、他教科連携の実行に必要な運営体制であるカリキュラム・マネジメントについては、前節を参照してください。

■ 1. 教科横断的なカリキュラム作成の進め方

　実際に教科横断的なカリキュラムをつくるためには、どのようなことに注意すればよいでしょうか。田村・村川・吉冨・西岡 (2016) は、カリキュラム作成の主体を**教務主任**等のリーダー層だけで進めるのではなく、授業者が主体的に関わりながら作成すべきであることを指摘しています。授業をする当事者が教科間の関連を理解できていなければ、目指す目標を達成できる授業を構成することは難しいためです。これに対して、教育活動全体の計画を教員一人ひとりが行うことは難しいため、教務主任を中心に据え、PDCA サイクル (説明を入れる) のPの部分である計画を行い、DCA を教員各人がマネジメントしていくことが現実的であるという主張もあります。ただし、教務主任が中心となる場合でも、計画段階では一人ひとりの教員が意見を述べることのできる場を設ける必要があります。自身の関与性を高めることが主体的な参画につながりますし、計画を正しく理解してこそ、その後の DCA が適切に進められるためです。

　さて、教科横断的なカリキュラムを作成するためには、どのような観点で科目や単元、内容をつなげるのかを整理しなければなりません。田村ら (2016) は、「育てたい資質・能力」「学習内容」「教育課題」「学習方法」などを整理するための観点としてあげています。しかし、最初からすべての教科等を見渡してす

べての関連を明らかにすることは時間と労力がかかり、熟練した教員にしかできないため、計画段階では適度なところにとどめ、実践の過程で次につながるような気づきを書き残しておくことが重要であることが併せて述べられています。具体的な単元や授業のレベルでの計画では、最初に複数の教科の内容や目標のなかで関連性や共通性のあるものを見つけて整理することになるでしょう。たとえば、日高 (2015) は、国語科の授業において社会科や理科の年間指導計画や教科書教材の内容・目標の共通点を見つけ、国語科の授業で、文章と図表などとの関連を理解し、複数提示された図表から文章につけ加えるとよい図表を選び出し、その内容を交流するという言語活動学習を行っています。これによって、社会科の「資料と自然および社会的条件と関連づけて考察する」、理科の「観察記録に基づいてそれらを相互に関連づけて考察する」という言語活動につなげることを試みています。注意すべきことは、単に活動の類似性だけに目を奪われ、表面的な連携に終わらないことです。子どもたちが身につけるべき資質・能力の育成が目的であり、そのために他教科のつながりを活用していることを念頭に置く必要があります。身につけるべき資質・能力は、教科の専門的な知識・技能だけではありません。思考し、判断し、自分の考えを表現できる力や、他の人と協力したり多様性を理解したりするような人間性も併せて育てるべき力です。教科横断的な学習と生徒指導・教育相談は、**社会的資質**や行動力の向上を目指すのは同じです。さらに生徒指導・教育相談での**子ども理解**が効果的な学習指導の方法を考える基礎となるなど、相互に連関するといえます。

■ 2. 他者との連携

　他教科との連携を進めるためには、学内外のさまざまな人とコミュニケーションをとる必要があります。藤枝 (2017) は、教科横断的な学びのマネジメント上の課題として、それぞれの教科等に固有の目標と内容があり**教科や校種の壁**をつくりやすいことを指摘しています。また、地域との連携においても、学習指導や教材開発等に関することは学校の役割であり、学校外での安全活動や学校の環境整備のサポートは地域の役割であるという固定的な役割分担の意識

が、学校での学習と生活経験や地域の事象を結びつける上での壁となっている可能性を指摘しています。こうした壁を取り払うことは簡単ではないかもしれませんが、**教育目標、学校目標**などに立ち返り、固定的な視点を、より柔軟にするように意識することであらたな連携の可能性に気づくことができるのではないでしょうか。

　また、文部科学省の中央教育審議会「**チームとしての学校**の在り方と今後の改善方策について」(答申(素案))では、「校長のリーダーシップの下、カリキュラム、日々の教育活動、学校の資源が一体的にマネジメントされ、教職員や学校内の多様な人材が、それぞれの専門性を生かして能力を発揮し、子供たちに必要な資質・能力を確実に身につけさせることができる学校」が求められると述べられています。実際、教員は、授業実践だけでなく、生徒指導や教育相談はもちろんのこと、数多くの業務を担っています。そのなかで、それぞれの目的に応じたチームをつくり、メンバー間で目標や情報を共有しながら業務にあたることが大切です。他教科連携もそういったチームの1つとみることができます。また、定期的な会議を設けるなどコミュニケーションをとりやすい体制をつくることは重要ですが、組織で成果を上げるためには組織の風土も関連します。西山・淵上・迫田 (2009) は、学校における教育相談の定着に、「みんなが協力してよりよい教育を目指しているので、自分も高い職務意識をもつことができる」などの**協働的な風土**が学校の教育相談の定着につながると示唆しています。教職員全体が共通した教育目標を意識し、必要な時には抵抗なく相談や助言ができ、腹を割って議論できる雰囲気をつくることは、教育相談だけでなく教育活動全体にポジティブな影響を与えることが予測されます。

■ 3. 他教科連携と教育相談・生徒指導とのかかわり

　他教科連携で育成を目指す子どもたちの資質・能力は、特定の分野の知識・技能だけでなく、表現力や他者理解、学び続ける意欲など社会で生きる上で必要不可欠な力も含まれるものとして考えられています。たとえば、西川 (2017) は、技術の授業で何かの作成で最初はうまくいかなかったものの、別の方法で最終的には目標の作品を仕上げられた経験から、"あきらめるのではなく、違

う方法でやってみる"という態度や姿勢を備えることにつながり、他の教科でも課題の取り組み方に波及する可能性があることを事例のなかで示しています。

　また、誰一人見捨てない、という共通する目標のもとに授業を行う例を考えてみましょう。たとえば、居眠りをしている子どもを見て見ぬふりをしていた教師自身が態度を改めて、居眠りをしている子どもをきちんと注意し、周囲の子どもたちに「居眠りをする仲間を起こしてあげないことは、仲間を見捨てていることと同じなんだよ」と指導するようになった事例も紹介されています。他教科連携というと、つい単元の内容のなかで共通する知識・技能にとらわれがちなのではないでしょうか。しかし大切なのは、子どもたちの生きる力を効果的に、そしてそれぞれの**発達段階**や**個人特性**に応じてバランスよく育てていくことです。他教科連携はその手段の１つと考えるべきでしょう。他教科連携を行う場合、生徒指導・教育相談的視点を忘れずに進めていく必要があります。また、連携していくためには教職員同士のコミュニケーションが必要になってきます。授業の組み立てだけでなく、子どもたちの課題や変化などの情報を共有するなかで、学級の雰囲気や**特別な支援が必要な子ども**へのかかわり方にも理解が深まることでしょう。もちろん、**学級担任制**の初等教育と**教科担任制**の中等教育では、効果的な連携の方法は異なると思われます。しかし、共通していえることは子どもたち一人ひとりの潜在能力を効果的に育てるために、学校教育において授業づくりと生徒指導・教育相談は別々のものととらえるのではなく、関連しあったものとして日々、教員同士で情報を交換しあう必要があるということです。

（迫田　裕子）

［引　用　文　献］

文部科学省（2016）．初等中等教育分科会　初等中等教育分科会（第102回）　配付資料 2-2
　　「チームとしての学校の在り方と今後の改善方策について」（答申（素案））
文部科学省（2017）．学習指導要領「生きる力」学習指導要領のポイント等　改訂のポイント
西山久子・淵上克義・迫田裕子（2009）．学校における教育相談活動の定着に影響を及ぼす諸

要因の相互関連性に関する実証的研究　教育心理学研究, *57*, 99-110.

［参 考 文 献］

藤枝茂雄 (2017)．地域協働による教科横断的な学びに関する考察——活動理論による学校に内在する「壁」へのアプローチ——　岡山大学教師教育開発センター紀要, *7*, 21-30.

日高佳子 (2015)．生徒の主体的な学びを引き出す国語科学習指導の在り方——社会科や理科との連携を図った説明的文章における単元構想と言語活動の工夫——　鹿児島県総合教育センター平成 27 年度長期研修研究報告書, 1-27.

田村知子・村川雅弘・吉冨芳正・西岡加名恵 (編著) (2016)．カリキュラムマネジメントハンドブック　ぎょうせい

索　引

＊あ　行

愛着　51
愛着関係　75
アセスメント　103
アニミズム　43
安全管理　132, 134, 139
安全教育　132
安全チェック習慣　140
いじめ防止対策推進法　141
異性との関係　54
一次的援助　136
一次的援助サービス　24
一次予防　91
移動運動　47
医療関係　137
インストラクション　121
エデュケーショナルサイコロジスト　23
援助資源　69
援助資源チェックシート　30
援助チームシート　30
援助要請感受性　104

＊か　行

開発的な生徒指導　135
カウンセリングマインド　9
学習指導要領　167
学習障害　97
学習性無力感　84
学習面　23
学力向上　157
課題の深刻化　136
学級経営　157
学級担任制　171
学校環境　134
学校危機　131
学校コミュニティ　137
学校種　17
学校における予防教育　91
学校目標　170
カリキュラム・マネジメント　163
感覚運動段階　42
関係性における距離　132
観察学習　62

感情の発達　55
感情リテラシー　58
企画　139
危機予防　140
基礎的・汎用的能力　20
記念日反応　138
規範（ルール）　64
規範意識　81
基本的動作　47
キャリア・カウンセリング　21
キャリア教育　17, 135
キャリア発達　17
教育課程　20, 163
教育観　166
教育相談　4
教育目標　166, 170
教員全員の理解　166
教科横断的な学習　168
教科担任制　171
教科や校種の壁　169
共感　10, 67
協働性　67
協働的な風土　170
教務主任　168
協力　166
緊急対応　93
具体的操作段階　42
クライシス・マネジメント　91, 141
クラスづくり　123, 124
形式的操作段階　42
経理　139
原因帰属　86
健康観察　140
健康面　23
言語性　95
交通
安全　131
校内委員会　138
校内外の資源　134
広報　139
コーディネーター　32
コーピング　116
呼吸法　118

173

個人特性　171
個人内評価　86
子ども理解　169
コミュニティ・スクール　165

＊さ　行

災害安全　131
サイコロジカル・ファーストエイド（Psychological
　　Fist Aid; PFA）　145
作業検査法　108
三次の援助　136
三次の援助サービス　24
三次予防　91
視空間性　95
思考中断法　117
自己概念　36
自己教示法　117
自己効力感（セルフ・エフィカシー）　85, 117
自己制御　81
自己有用感　88, 114
自己理解　135
自殺のリスク　90
自殺未遂　91
自殺予防　89
自殺を図る動機　90
自助資源　70
システムの見直し　140
事前になんらかの徴候　91
実念論　43
質問紙法　107
自発運動　46
自閉症スペクトラム障害　96
社会的資質　169
社会的情報処理　83
社会的情報処理理論　76
社会的・職業的自立　17
社会的認知学習（社会的学習理論）　62, 75
主体性　87
主体的・対話的で深い学び　165
純粋さ　10
生涯発達　99
情報共有―支援検討―役割分担　138
初発型非行　79
自律性　87
人権　153
人権教育　154

身体運動　45
親友　53
心理・社会面　23
進路指導　14, 15
進路面　23
随意運動　47
スキーマ　42
スクールカウンセラー　5, 28, 134, 137
スクールサイコロジスト　23
スクールソーシャルワーカー　5, 28, 134, 137
ストレス反応（stress response）　116
ストレスマネジメント教育　117
ストレスマネジメント・プログラム　117
ストレッサー（stressor）　115
生活安全　131
精神分析理論　61
性同一性　38
生徒指導　3, 157
性役割　39
セルフケア　149
漸進的筋弛緩法　118
前操作段階　42
全体計画　20
先天的な脳機能の障害　95
専門的ヘルパー　25
早期介入　137
早期発見　137
操作運動　47
ソーシャル・エモーショナル・ラーニング（SEL）
　　60, 76
ソーシャルスキル　119, 135
ソーシャル・スキル・トレーニング（SST）　58,
　　64, 121, 138
組織　139
組織活動　132, 134

＊た　行

第一反抗期　38
大規模な災害・事案　137
第二反抗期　39
他教科連携　168
多面的理解モデル　105
単元配列表　165
断片　19
チームとしての学校　28, 29, 170
チームへの期待　29

チームへの不安　29
知能検査　108
注意　95
注意欠如多動性障害（ADHD）　98
中心化　43
長期的な視点　99
調節　42
定点チェック　140
出口指導　14
投影法　107
同化　42
到達度評価　86
道徳教育　60
道徳的感情　61
道徳的行為　62
道徳的判断　64
特別支援教育　134
特別な教育的ニーズ　134
特別な支援が必要な子ども　171
トラウマ　127

＊な　行
内的作業モデル　51
内発的動機づけ　88
仲間関係　52
二次障害　99
二次的援助　136
二次的援助サービス　24
二次予防　91
認知的な特異性　95
認知的評価　116
認知発達段階理論　41
年間指導計画　20, 165

＊は　行
発達障害者支援法　94
発達段階　135, 171
ピア・サポート（peer support）　111
ピア・サポートトレーニング　138
ピア・ミディエーション　112
フィードバック　121
フォローアップ　138
複合的ヘルパー　25
腹式呼吸　125
物資　139
物理的距離　132

偏差値輪切り　14
防災学習　134
防災管理　134
防災教育　134
防災指導　134
防災対策　140
ホームワーク　121
保存課題　43
ボランティアヘルパー　26

＊ま　行
マインドフルネス　58, 124
マインドフルネス・トレーニング　125
見立て　137
三つ山課題　44
無条件の肯定的関心　10
メンタルヘルス　139
モデリング　121
モラルジレンマ　64
問題行動　67
問題対応的なアプローチ　137

＊や・ら・わ行
役割的ヘルパー　26
友人関係　53
有能感　88
ユニバーサルデザイン　25
様相観察　140
欲求不満─攻撃仮設　76
予防・介入・事後対応　134
予防的視点　136
ラポール（rapport）　12
リーダーシップ　164
リスク・マネジメント　91, 141
リハーサル　121
リラクセーション法　118
リラックス法　144
レジリエンス　58
連携　139, 166
ロジャーズ（Rogers）　9
ワーキングメモリ　95

ADHD　127
Circle of Vulnerablility　132, 138
PDCA サイクル　163

執筆者紹介

＊編　者
渡辺弥生（わたなべ　やよい）（第2章第5・6節）奥付参照
西山久子（にしやま　ひさこ）（第5章第1・2節）奥付参照

＊執筆者（執筆順）
原田恵理子（はらだ　えりこ）（第1章1・2）
東京情報大学
「中学生・高校生のソーシャルスキルトレーニング」（編著）明治図書出版
モットー：一期一会

鎌田雅史（かまだ　まさふみ）（第1章3・4）
就実短期大学
「キーワードキャリア教育 生涯にわたる生き方教育の理解と実践」（分担執筆）北大路書房
モットー：千里の道も一歩から・今の自分でできることを、できるだけ頑張ろう

飯田順子（いいだ　じゅんこ）（第1章5・6）
筑波大学
「事例別　病気、けが、緊急事態と危機管理」（共著）少年写真新聞社
モットー：十人十色

中井大介（なかい　だいすけ）（第2章1・2）
愛知教育大学
「生徒指導の教科書」（分担執筆）文化書房博文社
モットー：ドンマイ

榎本淳子（えのもと　じゅんこ）（第2章3・4）
東洋大学
「発達と臨床の心理学」（共著）ナカニシヤ出版

杉本希映（すぎもと　きえ）（第3章1・2）
目白大学
「学校で気になる子どものサイン」（共著）ナカニシヤ出版
モットー：日々是好日

西野泰代（にしの やすよ）（第3章3・4）
広島修道大学
「教育と発達の心理学」（分担執筆）ナカニシヤ出版
モットー：冬来たりなば春遠からじ

若本純子（わかもと　じゅんこ）（第3章5・6）
山梨大学
「発達心理学：人の生涯を展望する」（共著）培風館

本田真大（ほんだ　まさひろ）（第4章1・2）
北海道教育大学
「いじめに対する援助要請のカウンセリング―「助けて」が言える子ども、「助けて」に気づける援助者になるために―」（単著）金子書房
モットー：楽するために苦労する

三宅幹子（みやけ　もとこ）（第4章3・4）
岡山大学
「0歳〜12歳児の発達と学び―保幼小の連携と接続に向けて―」（分担執筆）北大路書房
モットー：にちにちがさら

藤枝静暁（ふじえだ　しずあき）（第4章5・6）
埼玉学園大学
「保育者のたまごのための発達心理学」（編著）北樹出版
モットー：早いものは美しい、美しいものは早い

小林朋子（こばやし　ともこ）（第5章3・4）
静岡大学
「10代を育てるためのソーシャルスキル教育」（改訂版）（共編著）北樹出版
モットー：ポレポレ

納富恵子（のうとみ　けいこ）（第6章1・2）
福岡教育大学教職大学院
主著
「はじめての特別支援教育　改訂版」（共著）有斐閣
モットー：「一人の子どもを粗末にするとき、教育は光を失う」（安部清美）

清永（迫田）裕子（きよなが［さこだ］　ゆうこ）（第6章3・4）
九州共立大学
「キーワードキャリア教育：生涯にわたる生き方教育の理解と実践」（共著）
モットー：雨だれ石を穿つ

【学校現場からのつぶやき】（執筆順）

森嶋尚子（もりしま　なおこ）
都内公立小学校長
モットー：足元を掘れ、そこに泉あり

脇田哲郎（わきた　てつろう）
福岡教育大学教職大学院

執筆者紹介

「小学校新学習指導要領ポイント総整理　特別活動」（共著）東洋館出版社
モットー：子どもの心に灯りを点す仕事をする。

森保之（もり　やすゆき）
福岡教育大学教職大学院
「地域運営学校（コミュニティ・スクール）の展開〜地域が支える開かれた学校〜」（共著）三光出版社
モットー：熱意において最高であれ

小高佐友里（こたか　さゆり）
スクールカウンセラー
「子どもの感情表現ワークブック―考える力、感じる力、行動する力を伸ばす―」（分担執筆）明石書店
モットー：何とかなる！何とかする！！

仲野繁（なかの　しげる）
元足立区立辰沼小学校長　現一般社団法人 HLA 共同代表
モットー：燕雀安んぞ鴻鵠の志を知らんや

藤野沙織（ふじの　さおり）
スクールカウンセラー
モットー：ケセラセラ・一期一会

濱家徳子（はまいえ　のりこ）
スクールカウンセラー
「個と関係性の発達心理学」（分担執筆）北大路書房
モットー：早わかりをしない

岡安朋子（おかやす　ともこ）
関東学院大学非常勤講師
「スクールソーシャルワーク実践技術：認定社会福祉士・認定精神保健福祉士のための実習・演習テキスト」（共著）
モットー：継続は力なり

小林由美子（こばやし　ゆみこ）
名古屋学院大学
「教師の心理危機を管理職の立場から支援した一事例の検討Ⅱ―ライフテーマの理解と支援―」名古屋学院大学論集社会科学篇、第 53 巻、pp.109-127.
モットー：継続は力なり

編著者紹介

渡辺　弥生

　法政大学　教育学博士　発達臨床心理学
　「子どもの 10 歳の壁とは何か？　乗り越えるための発達心理学」（単著）（光文社）
　「10 代を育てるソーシャルスキル教育」（共編著）（北樹出版）
　「心理学と仕事　発達心理学」（共編著）（北大路書房）　など。
　モットー：Tomorrow is another day！

西山　久子

　福岡教育大学　学校教育学博士　スクール・カウンセリング
　「学校における教育相談の定着を目指して」（単著）（ナカニシヤ出版）
　「キーワード キャリア教育：生涯にわたる生き方教育の理論と実践」（共編著）（ミネルヴァ書房）
　「やってみよう！ピア・サポート」（共編著）（ほんの森出版）　など。
　モットー：神は力に余る試練を与えない

必携：生徒指導と教育相談
―― 生徒理解、キャリア教育、そして学校危機予防まで

2018 年 4 月 25 日　初版第 1 刷発行
2021 年 11月 1 日　初版第 2 刷発行

編著者	渡辺　弥生
	西山　久子
発行者	木村　慎也

定価はカバーに表示　　印刷　新灯印刷／製本　新灯印刷

発行所　株式会社 北樹出版

〒153-0061　東京都目黒区中目黒1-2-6
URL：http://www.hokuju.jp
電話 (03)3715-1525(代表)　FAX (03)5720-1488

ⓒ 2018, Printed in Japan　　　ISBN 978-4-7793-0572-6
（落丁・乱丁の場合はお取り替えします）